EUGÈNE POTTIER

Chants Révolutionnaires

Deuxième Édition

A EUGÈNE POTTIER
POÈTE RÉVOLUTIONNAIRE
1816 1871 1887
SES ADMIRATEURS
1905

Jean Misère
La tuile d'Arzignac
Ce que dit le Pain
La mort d'un Globe
L'Internationale

21691

PRÉFACE de
Allemane, Jaurès, Vaillant
NOTICE de Jules Vallès

ILLUSTRATIONS
de Steinlen, Willette, Grün,
Valère Bernard;
Maximilien Luce

PARIS
AU BUREAU DU COMITÉ POTTIER
14, RUE DE L'ODÉON, 14

Prix : 1 franc. — Par poste : 1 fr. 20

Chants Révolutionnaires

EUGÈNE POTTIER.·.

Chants Révolutionnaires

DEUXIÈME ÉDITION

PRÉFACE

de Allemane, Jaurès, Vaillant

‒CO‒

NOTICE *de Jules Vallès*

ILLUSTRATIONS

*de Steinlen, Willette, Grün, Valère Bernard,
Maximilien Luce*

PARIS

AU BUREAU DU COMITÉ POTTIER

14, RUE DE L'ODÉON, 14

Prix : 1 franc. — Par poste : 1 fr. 20

PRÉFACE

Pottier fut et demeurera un des plus vaillants glorificateurs de la Commune de Paris, le chantre incomparable des souffrances et des révoltes du prolétariat.

Mais ce qui surtout le caractérise, c'est sa confiance inébranlable en l'avenir.

C'est en vain que les Cavaignac et autres Lamoricière ont, en Juin 1848, couché sur les rouges pavés de Paris les quatorze mille ouvriers que la brutale fermeture des ateliers nationaux leur avait offerts comme autant de cibles humaines; c'est en vain que les héroïques efforts des derniers combattants de Mai 1871 sont venus se briser

contre la « *plus belle armée du monde* »,
ainsi qu'osait s'exprimer Thiers-le-Sinis-
tre, après le massacre épouvantable de
plus de trente mille prisonniers, durant la
semaine sanglante : reprenant sa plume
vengeresse, Pottier, que la mort a épargné,
offre à la classe ouvrière, qui pleure ses fils
les plus nobles, un chant de combat et de
revanche que l'univers prolétarien a adopté :
nous entendons parler de l'Internationale !

Son ardent amour pour l'humanité a
fait de Pottier l'inlassable adversaire des
préjugés et des haines qui divisent les
nations. En son poème contre la guerre il
s'écrie, s'adressant aux peuples :

> On chauffe à blanc votre colère,
> Peuples sans solidarité,
> Mis au régime cellulaire
> De la nationalité.

Et puis plus loin, dans sa Grève des
Femmes :

Puisque la guerre inassouvie,
Entasse morts et mutilés,
Nous, sur les portes de la vie,
Dès ce soir posons les scellés!

Puis il s'indigne contre l'exploitation de l'homme par l'homme, contre toutes les infamies qui déshonorent la société capitaliste et, levant l'étendard de la révolte, il exulte :

Devant toi, misère sauvage,
Devant toi, pesant esclavage,
L'insurgé
Se dresse, le fusil chargé!

Et dans ce livre, que l'amicale initiative de son collègue de la Commune de Paris, le citoyen Goupil, est parvenue à répandre et à populariser, le barde vigoureux, le militant sans peur ni reproche que fut Pottier, dresse ses protestations hardies contre la Trinité criminelle qui constitue la plus formidable oppression dont les êtres

*humains aient eu à souffrir : la Religion,
le Militarisme et la Propriété individuelle!*

*En le lisant et en le faisant lire, les travailleurs ne paieront au poète qui les aima
jusqu'à son dernier souffle, qu'un très
faible tribut de la reconnaissance qu'ils lui
doivent.*

J. Allemane

député de la Seine

en forçat de la Commune.

Jean Jaurès

Député du Tarn.

Ed. Vaillant

Député de Paris.

EUGÈNE POTTIER

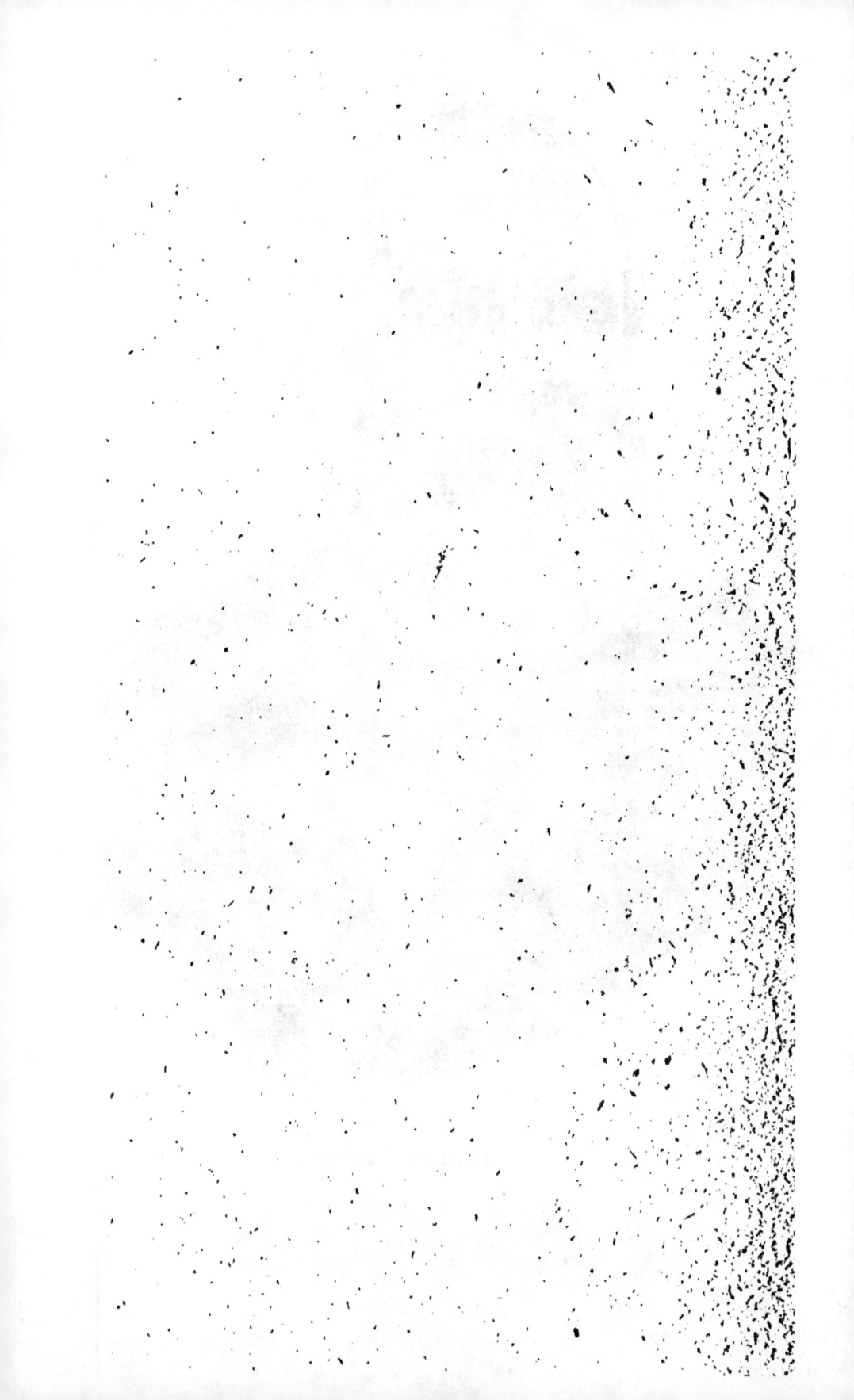

EUGÈNE POTTIER FRANC-MAÇON

Connaissant de longue date, — j'arrive bientôt au cinquantenaire de mon initiation, — l'esprit de solidarité qui unit les enfants de la Grande famille, j'ai pensé qu'il était de notre devoir de l'associer à l'œuvre entreprise en faveur de notre F.·. Pottier et de nos sœurs : sa veuve et sa fille, empêchées toutes les deux de subvenir aux nécessités de la vie, l'une par l'âge, l'autre par la maladie, et, pour faire connaître EUGÈNE POTTIER FRANC-MAÇON, j'ai demandé au dévoué secrétaire-trésorier du Comité Pottier, au F.·. Élie May, pour la joindre à ce livre, la note suivante, relatant ses souvenirs sur l'initiation Maçonnique de l'auteur des CHANTS RÉVOLUTIONNAIRES.

Le Président du Comité Pottier :

Ém. Goupil ::

Ancien Grand Maître du Rite écossais réformé,
supprimé par l'Empire,
Ancien Vénérable de la Loge l'Alliance fraternelle,
Membre de la Loge La Justice n° 133, Or. de Paris.

Son Initiation

J'ai eu le grand honneur d'initier Eugène Pottier à la Franc-Maçonnerie.

C'était en 1875 : un groupe de proscrits de la Commune venait de fonder, à New-York, la Loge *Les Égalitaires*.

La place d'Eugène Pottier était toute marquée au milieu de nous.

J'ai conservé soigneusement sa demande d'admission et, pour répondre au désir du Président du Comité, il me semble qu'il n'y a rien de mieux à faire que de la publier textuellement.

Tous commentaires seraient, en effet, superflus et ne feraient qu'affaiblir la force de cette l'éloquente profession de foi de mon ami Eugène Pottier.

C'est lui qui parle, c'est lui qui se révèle ici tel qu'il fut. Je n'ajouterai pas un mot!...

Le Secrétaire-Trésorier du Comité Pottier,

Eli‹ May ∴

Vénérable d'honneur de la R∴ L∴ *Les Trinitaires*,
O∴ de Paris,
Membre du Conseil fédéral de la Grande Loge de France.

Demande d'admission
d'Eugène Pottier

New-York, 2 décembre 1875.

« Citoyens,

« Je demande à participer aux travaux de la
« Maçonnerie et à être admis dans votre Loge.

« Je sais qu'elle est composée d'un groupe de
« libre-penseurs qui, ayant fait table rase des
« traditions et ne reconnaissant rien de supérieur
« à la Raison humaine, emploient consciencieuse-
« ment la leur à la recherche de la Vérité et de la
« Justice.

« Je crois comme vous que le bonheur de l'Huma-
« nité ne peut avoir d'autres bases. La Science,
« dégagée de toute entrave dogmatique, marche de
« jour en jour à la découverte des lois de notre
« nature et prépare ainsi le code social; l'Huma-
« nité, pour entrer dans sa voie normale, doit se
« créer à notre propre image, c'est-à-dire devenir
« comme l'homme, une et multiple ; une par
« l'action, multiple par les organes.

« Cette transformation de l'universel conflit en
« Harmonie universelle, ne peut s'opérer que dans
« une phase d'égalité réelle; non pas égalité men-
« songère de droits, mais égalité de lumière et de
« bien-être.

« Ces quelques mots me serviront de profession
« de foi, et je crois que ma vie en prouve la sin-
« cérité.

« *Je suis né à Paris, le 4 octobre 1816, d'une mère*
« *dévote et d'un père bonapartiste. A l'école des*
« *frères jusqu'à dix ans et à l'école primaire jusqu'à*
« *douze, — c'est à mes lectures de jeune homme que*
« *je dois d'être sorti de cette double ornière sans*
« *m'y embourber.*

« *En 1832 j'étais républicain, en 1840 socialiste.*
« *J'ai pris une part obscure aux révolutions de 1848 :*
« *février et juin.*

« *Du coup d'État au 4 septembre je demeurai*
« *intransigeant : pactiser avec les assassins du*
« *Droit, c'est se prostituer.*

« *Après plus de trente ans de prolétariat, je*
« *m'établis dessinateur en 1864. Les dessinateurs*
« *industriels n'avaient pas alors de chambre syn-*
« *dicale. A mon instigation, ils en fondèrent une*
« *qui comptait cinq cents membres avant la guerre*
« *et qui adhéra en bloc à la fédération de l'Inter-*
« *nationale.*

« *C'est à ma coopération à ce mouvement que je*
« *dus d'être élu membre de la Commune dans le*
« *IIᵉ arrondissement. Jusqu'au 28 mai j'y exerçai*
« *les fonctions de maire. Après la prise de la*
« *mairie par les Versaillais je me repliai sur le*
« *XIᵉ arrondissement.*

« *J'avais accepté sans réserve le programme de la*
« *Révolution du 18 mars :*

« *Autonomie de la Commune.*
« *Émancipation du travailleur.*

« *Je crois, dans toute cette période, avoir accompli*
« *mon devoir.*
« *Dans la lutte où tous les citoyens dévoués ont*

« perdu leur vie ou leur liberté, je m'estime favorisé
« de n'avoir perdu que ma fortune. J'ai passé deux
« ans d'exil à Londres et deux ans à Boston, tâchant
« d'honorer par le travail ma pauvreté et la pros-
« cription.

« C'est à Paris, dans les derniers jours de la
« lutte, quand j'ai vu, au milieu des transports
« d'enthousiasme, le spectacle grandiose de la
« Maçonnerie adhérant à la Commune et plantant
« ses bannières sur nos murailles éventrées d'obus;
« c'est alors que je me suis juré d'être un jour un
« des compagnons de cette phalange laborieuse.

« Je me présente à son chantier.

« Embauchez-moi!

Eugène Pottier

« 238, East 30th Street. »

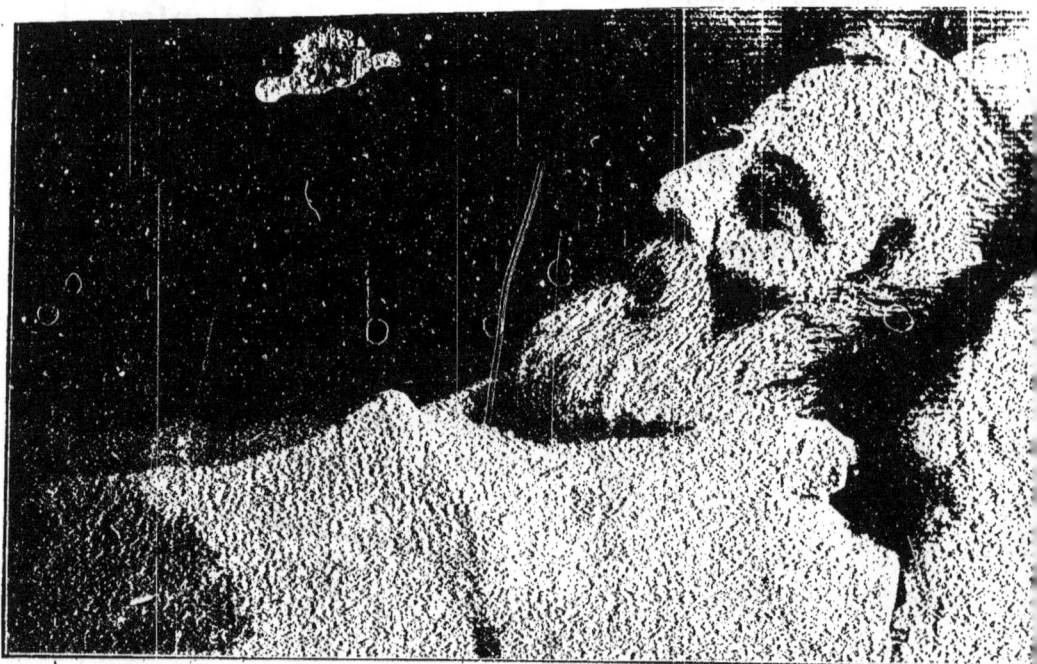

Eugène Pottier sur son lit de mort. — Paris, 7 novembre 1887.

APPRÉCIATION DE JULES VALLÈS

(Extrait du *Cri du Peuple* du 29 novembre 1883)

Celui-ci est un vieux camarade, un camarade des grands jours. Il était du temps de la Commune, il a été exilé comme le fut Hugo. Comme Hugo, il est poète aussi, mais poète inconnu, perdu dans l'ombre.

Ses vers ne frappent point sur le bouclier d'Austerlitz ou le poitrail des cuirassiers de Waterloo ; ils ne s'envolent pas d'un coup d'aile sur la montagne où Olympio rêve et gémit. Ils ne se perchent ni sur la crinière des casques, ni sur la crête des nuées : ils restent dans la rue, la rue pauvre.

Mais je ne sais pas si quelques-uns des cris que pousse, du coin de la borne, ce Juvénal de faubourg, n'ont pas une éloquence aussi poignante, et même ne donnent pas une émotion plus juste que les plus admirables strophes des *Châtiments.*

Certes, il n'y a pas à comparer ce soldat du centre au tambour-major de l'épopée ; mais sur le terrain, un petit fantassin qui, caché dans les herbes, tire juste, vaut mieux qu'un tambour-major qui tire trop haut.

Puis, par la largeur même de son génie, Hugo est trop au-dessus des foules pour pouvoir parler à tous les coins de leur cœur.

Il faut la voix d'un frère de travail et de souffrance.

Celui dont je parle a travaillé et a souffert ; c'est pourquoi il a su peindre, avec une déchirante simplicité, la vie de peine et de labeur.

C'est de cet autre côté maintenant qu'il faut tourner ses regards et sa pensée — du côté de la grande armée anonyme que le capital accule dans la famine et dans la mort.

Laissez là les porteurs d'armure et les traîneurs de tonnerre; on a assez léché leurs éperons! Parlons de l'atelier et non de la caserne, ne flattons pas la croupe encore fumante des canons, mais escortons de nos clameurs de pitié ou de colère ceux que la machine mutile, affame, écrase, — ceux qui ne peuvent plus trouver à gagner leur pain, parce que leur métier est perdu ou parce qu'on les trouve trop vieux quand ils demandent, comme une aumône, le droit de crever à la peine!

Pottier, mon vieil ami, tu es le Tyrtée d'une bataille sans éclairs qui se livre entre les murs d'usine calcinés et noirs, ou entre les cloisons des maisons gâtées, où le plomb à ordures fait autant de victimes que le plomb à fusil!

Reste le poète de ce monde qui ne fait pas de tirades et se drape dans des guenilles pour tout de bon, et tu auras ouvert à la misère murée un horizon et à la poésie populaire un champ nouveau.

Elle est là, cette poésie, sous la casquette du vagabond qui finira au bagne, ou sous la coiffe honnête de la mère qui n'a plus de lait pour nourrir son petit : crime et détresse se coudoient dans la fatalité sociale. Crie cela aux heureux! et jette, comme des cartouches, tes vers désolés dans la blouse de ceux qui, las de subir l'injustice et le supplice, sont gens à se révolter, car ils ont besoin qu'on les encourage et méritent qu'on les salue pendant qu'ils combattent et avant qu'ils meurent!

JULES VALLÈS.

I

Sonnets

Les Droits de l'Homme avaient tra
son nouvel orbite à la terre,
En aventure militaire
La replongea dans le passé,

Ton crime fut héréditaire
Et Décembre t'a dépassé
La Commune te mit par terre
Mais depuis on t'a ramassé!

Ô bandit de la grande espèce,
S'il faut que l'avenir connaiss
tes forfaits et ton nom flétri,
Nous, forçat qu'on te reboutonne
Et, debout, sur cette colonne
Reste toujours au pilori!

à son ami et collègue de la

Commune le Docteur Goupil

Eugène Pottier   18 Brumaire an 91

A NAPOLÉON Iᵉʳ

—

A mon ami le Docteur GOUPIL, membre de la Commune.

Les Droits de l'Homme avaient tracé
Son nouvel orbite à la terre.
Ton aventure militaire
La replongea dans le passé.

Ton crime fut héréditaire
Et Décembre t'a dépassé.
La Commune te mit par terre,
Mais depuis on t'a ramassé !

O bandit de la grande espèce,
S'il faut que l'avenir connaisse
Tes forfaits et ton nom flétri,

Viens, forçat, qu'on te reboulonne.
Et, debout, sur cette colonne
Reste toujours au pilori !

18 brumaire an 91.

ABONDANCE

—

A Ferdinand GAMBON, membre de la Commune de Paris.

Toute une mer d'épis ondule et les sillons
Portent à la famine un défi ; l'été brille,
De chauds aromes d'ambre emplissent les rayons ;
Les blés mûrs, pleins et lourds, attendent la faucille.

Les moineaux, les mulots festinent ; les grillons
Poussent un chœur strident comme un feu qui pétille.
La brute semble croire à ce que nous croyons,
On entend tout chanter l'Abondance en famille.

Du sein de la nourrice, il coule en ce beau jour
Une inondation d'existence et d'amour.
Tout est fécondité, tout pullule et foisonne !

Mais, rentrant au faubourg, mon pied heurte en chemin
Un enfant et sa mère en haillons.... morts de faim !
Qu'en dites-vous, blés mûrs, et qui donc vous mois-
                                        [sonné ?

Paris, juillet 1883.

LA TOILE D'ARAIGNÉE

—

A Félix Pyat.

De sa rosace immense encombrant le ciel bleu
Il est un monstre amorphe, intangible et fa-
[rouche ;
Ce cauchemar du vide affole ce qu'il touche
Et répand un venin qui met la terre en feu.

Ce parasite ignore et le temps et le lieu,
Rend l'univers bancal et la nature louche,
Et, liant la raison comme une faible mouche,
Il lui boit le cerveau. Ce vampire, c'est Dieu !

Ce néant a fourbi les griffes de nos maîtres,
De sa chiasse immonde il enfanta les prêtres,
Il barre de ses fils nos paradis déçus.

Homme, n'attends pas d'être englué dans ses
[toiles
Et crevant ce haillon qui s'accroche aux étoiles
Déniche l'araignée, et mets le pied dessus !

New-York, 1875.

LA SAINTE TRINITÉ

—

A Hovelacque, Conseiller municipal.

Primo Religion : la vieille grimacière
Qui vous la fait, jobards, au dogme, au sacrement,
Qui tient l'homme à genoux en l'appelant : Poussière
Et vous vend du miracle en sachant qu'elle ment.

Propriété : — Mais moi, mobilière ou foncière,
Je proviens du travail ! — Oui, c'est ton boniment ;
Mais le travail s'en plaint, honnête financière,
Tu l'as dévalisé par ton prélèvement.

Ordre enfin ! — Un César, un général qui sacre,
Qui maintient au dedans la paix par le massacre
Et la guerre au dehors sans risquer un cheveu.

Très Sainte Trinité, c'est toi qui nous rançonnes !
Prêtre, usurier, soudard, sur terre, en trois personnes,
Le mensonge, le vol et le meurtre sont Dieu.

Paris, 1882.

BLANQUI

Contre une classe sans entrailles,
Luttant pour le peuple sans pain,
Il eut, vivant, quatre murailles,
Mort, quatre planches de sapin !

A Eudes, membre de la Commune.

La chambre mortuaire était au quatrième ;
Et la foule, à pas lents, gravissait l'escalier :
Le Paris du travail, en blouse d'atelier,
Des femmes, des enfants ; plus d'un visage
[blême.

Ce grand deuil prévalait sur le soin journalier
Du pain de la famille ; il eut, trois jours, la
[même
Affluence d'amis pour cet adieu suprême
— Moi, j'attendais mon tour, rêvant sur le
[palier.

Ce cœur qui ne bat plus battait pour une idée ;
L'Egalité !... Gens sourds ! Terre, esclave
[ridée
Qui tourne dans ta cage ainsi que l'écureuil,

A présent qu'il est mort, tu l'entendras...
[peut-être !
Ce combattant, passant de la geôle au cercueil,
Du fond de son silence, il dit : Ni Dieu, ni
[Maître !

4 janvier 1881.

2

DROITS ET DEVOIRS

Au citoyen OTTIN père, statuaire.

« Les forts auront les droits, les faibles les devoirs ! »
On grava sur le roc cette loi sociale
Et l'autorité fut l'Idole colossale
Ecrasant sous son char ses croyants blancs et noirs.

Le pontife endormeur fuma ses encensoirs
Et la foule peina, misérable et vassale.
Alors, l'Egalité prit sa torche et, fatale,
Incendia la caste et brûla les manoirs.

— ... Avenir ! Oh ! quelle est cette mère ravie
Qui sourit à l'enfant qui tette et boit sa vie ?
C'est toi, Société future en qui je crois !

Le sang a submergé ta devise première
Et tu viens de tracer en lettres de lumière :
« Les forts ont les devoirs et les faibles les droits ! »

Paris, 1884.

MANGIN

—

..... Tas d'imbéciles qui m'écoutez.
(*Mangin*.)

Jadis Mangin, froid sous son casque,
Croassait les badauds de Paris ;
J'aimais son boniment fantasque,
J'aimais l'orgue de Vert-de-Gris.

J'aime à Notre-Dame, en carême,
Un prédicateur virulent ;
Certes, son orgue est plus ronflant,
Mais son boniment, c'est le même !

« Pêcheurs, achetez nos pardons,
« La sainte Eglise attend vos dons ;
« Soyez fervents, soyez dociles !

» Et, confits dans ces vérités,
» O mes frères qui m'écoutez,
» Allez en paix ! »... Tas d'imbéciles !

Newartk, N. J., 1876.

MARGUERITE

—

A ma fille Marguerite.

Marguerite a cinq ans et n'est pas baptisée,
La petite païenne ! Elle a le gai éveil
Des oiseaux gazouillant : Bonjour, mon beau soleil !
Et, lui, pose un baiser sur sa lèvre rosée.

C'est toute sa prière. Est-il *Credo* pareil ?
Elle admire le ciel, la flamme et la rosée :
Un nuage la tient une heure à la croisée ;
Elle aime ton drapeau, Commune, il est vermeil !

Elle ignore l'Eglise et va voir, le dimanche,
Les fragiles bourgeons qui s'ouvrent sur la branche ;
La nature lui parle et forme son esprit.

Elle devine un sens à tout. Quand on lui donne
Une pousse de chou que le printemps chiffonne :
— Oh ! regardez ! dit-elle, on dirait qu'elle rit !

South-Boston, 1877.

LES BÊTES FÉROCES

Au citoyen L'Hommeau, secrétaire de la Ligue
de l'Intérêt public.

Je vis à l'Hippodrome un dompteur et son fauve,
C'était un lion roux, l'œil injecté de sang,
Sa gueule rouge ouvrait un antre menaçant ;
Le dompteur reposait sa tête en cette alcôve.

Je vis à la tribune un monsieur bien pensant,
Sénateur, marguillier, propriétaire et chauve ;
Sa spécialité : soutien de l'ordre ! il sauve ! !
Blanc cravaté du reste et le débit cassant :

« Pour sauver la famille et la foi de nos pères
» Et la propriété ! ! votons des lois sévères,
» Extirpons sans pitié l'élément corrupteur ! »

De tous les carnassiers c'est le plus réfractaire ;
On peut apprivoiser lion, tigre ou panthère
On n'apprivoise pas un vieux conservateur !

Paris janvier 1881.

2.

TYPES PERDUS

—

Grande lessive et la terre en sort vierge,
Et la science y pose ses fanaux;
Plus de soldats, partant plus d'arsenaux;
Plus de César; tout consent, tout converge;

Plus de pédants, on a brûlé la verge;
D'Eglise, point; papes et cardinaux
Se sont éteints avec le dernier cierge,
Mais en retour force rails et canaux.

Tous ces pantins qui gouvernaient les foules
Sont disloqués; on a brisé les moules,
Et nul vieillard ne dit: « Je m'en souviens! »

Types perdus de nos billevesées,
Ils sont allés rejoindre en nos musées
Les animaux antédiluviens.

Paterson, N.-J., 1879.

ENTRETENUS A NOS FRAIS

—

Tous ces bonshommes-là, c'est autant d'escarcelles.
A remplir, travailleurs ! Dans leur instinct de sacs,
Ils ont horreur du vide, et nous payons leurs fracs,
Leurs gants, leurs bain-de-mer, leurs catins et leurs selles.

Dans la corruption plongés jusqu'aux aisselles,
Sont-ils préfets à poigne, ils servent les micmacs
De nos gouvernements de trucs et de ficelles :
La classe dirigeante a produit ces réacs.

O paons de basse-cour, nullités cravatées,
Faiseurs, beaux fils, mangeurs de soupes apprêtées,
Certes, vous coûtez gros et ne valez pas cher !

O misère ! Et tu prends, toi, peuple qui travailles,
Le pain des tiens, leur sang, leur cerveau, leurs entrailles,
La moelle de leurs os, pour tous ces happe-chair !

Paris, 1884.

RÉVOLUTION SOCIALE

Voyant ce colosse apparaître,
Les gros bonnets, les parvenus,
Les empanachés et le prêtre
Tremblent tous; les temps sont venus!

L'œil plein d'éclairs et les bras nus,
Le travail n'agit pas en traître:
Il opère en chiffres connus
Et va s'organiser sans maître!

Il dit: « Sur le globe et ses fruits,
« Sur l'outillage et les produits
« Vous faisiez main basse; il faut rendre! »

« — Ainsi tu viens, spectre fatal,
« Pour partager le capital?
« — Partager?... Non! mais tout reprendre! »

Manchester, 1831.

LA CHAROGNE

Je vis une charogne abjecte,
Foyer de miasmes corrompus,
Empire normal de l'insecte,
Tas fourmillant de vers repus.

Chacun d'eux se gorgeait de pus
Comme un viveur qui se délecte.
Fourche en main, du mieux que je pus,
J'éloignai cette masse infecte.

Mais alors, dans leurs puanteurs,
Les asticots conservateurs
Hurlent en chœur la même phrase:

« Respect à la propriété !
« Venez-vous saper par la base
« L'éternelle Société ? »

New-York, 1875.

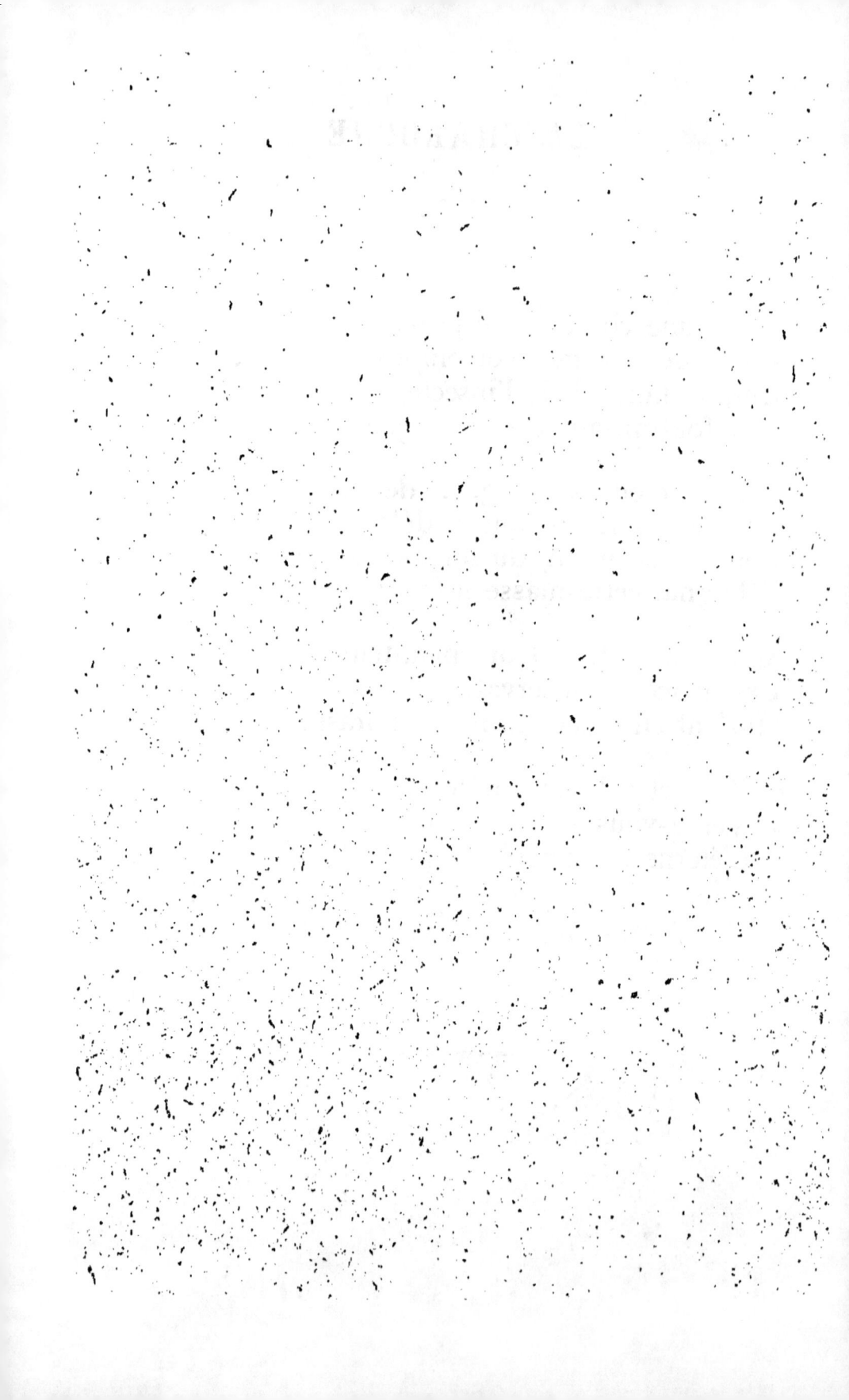

II

Chants
et Chansons

JEAN MISÈRE. (*Dessin de Grün.*)

JEAN MISÈRE

—

A mon ami Elie MAY.

Décharné, de haillons vêtu
Fou de fièvre, au coin d'un impasse,
Jean Misère s'est abattu.
« Douleur, dit-il, n'est-tu pas lasse? »
    Ah! mais...
Ça ne finira donc jamais ?...

Pas un astre et pas un ami!
La place est déserte et perdue.
S'il faisait sec, j'aurais dormi,
Il pleut de la neige fondue.
    Ah! mais
Ça ne finira donc jamais?...

Est-ce la fin, mon vieux pavé?
Tu vois : ni gîte, ni pitance,
Ah! la poche au fiel a crevé;
Je voudrais vomir l'existence.
    Ah! mais...
Ça ne finira donc jamais?...

Je fus bon ouvrier tailleur.
Vieux, que suis-je? une loque immonde.
C'est l'histoire du travailleur,
Depuis que notre monde est monde.
     Ah! mais...
Ça ne finira donc jamais?...

Maigre salaire et nul repos,
Il faut qu'on s'y fasse ou qu'on crève,
Bonnets carrés et chassepots
Ne se mettent jamais en grève.
     Ah! mais...
Ça ne finira donc jamais?

Malheur! ils nous font la leçon,
Ils prêchent l'ordre et la famille;
Leur guerre a tué mon garçon,
Leur luxe a débauché ma fille!
     Ah! mais...
Ça ne finira donc jamais?...

De ces détrousseurs inhumains,
L'Eglise bénit les sacoches;
Et leur bon Dieu nous tient les mains
Pendant qu'on fouille dans nos poches.
     Ah! mais...
Ça ne finira donc jamais?...

Un jour, le Ciel s'est éclairé,
Le soleil a lui dans mon bouge;
J'ai pris l'arme d'un fédéré
Et j'ai suivi le drapeau rouge.
     Ah! mais...
Ça ne finira donc jamais?...

Mais, par mille on nous coucha bas ;
C'était sinistre au clair de lune ;
Quand on m'a retiré du tas,
J'ai crié : Vive la Commune !
  Ah ! mais...
Ça ne finira donc jamais ?...

Adieu, martyrs de Satory,
Adieu, nos châteaux en Espagne !
Ah ! mourons !... ce monde est pourri ;
On en sort comme on sort d'un bagne.
  Ah ! mais...
Ça ne finira donc jamais ?...

. . . .
. . . .

A la morgue on coucha son corps,
Et tous les jours, dalles de pierre,
Vous étalez de nouveaux morts :
Les Otages de la misère !
  Ah ! mais...
Ça ne finira donc jamais ?...

Paris, 1880.

L'Internationale. (*Dessin de Steinlen.*)

L'INTERNATIONALE

—

Au citoyen Lefrançais, membre de la Commune.

C'est la lutte finale :
Groupons-nous, et demain,
L'Internationale
Sera le genre humain.

Debout ! les damnés de la terre !
Debout ! les forçats de la faim !
La raison tonne en son cratère :
C'est l'éruption de la fin.
Du passé faisons table rase,
Foule esclave. debout ! debout !
Le monde va changer de base :
Nous ne sommes rien, soyons tout !

Il n'est pas de sauveurs suprêmes :
Ni Dieu, ni César, ni tribun,
Producteurs, sauvons-nous nous-mêmes !
Décrétons le salut commun !

Pour que le voleur rende gorge,
Pour tirer l'esprit du cachot,
Soufflons nous-mêmes à notre forge,
Battons le fer quand il est chaud !

L'Etat comprime et la loi triche ;
L'Impôt saigne le malheureux ;
Nul devoir ne s'impose au riche ;
Le droit du pauvre est un mot creux.
C'est assez languir en tutelle,
L'Egalité veut d'autres lois ;
« Pas de droits sans devoirs, dit-elle
« Egaux, pas de devoirs sans droits ! »

Hideux dans leur apothéose,
Les rois de la mine et du rail
Ont-ils jamais fait autre chose
Que dévaliser le travail ?
Dans les coffres-forts de la bande
Ce qu'il a créé s'est fondu.
En décrétant qu'on le lui rende
Le peuple ne veut que son dû.

Les Rois nous soûlaient de fumées,
Paix entre nous, guerre aux tyrans !
Appliquons la grève aux armées,
Crosse en l'air et rompons les rangs !
S'ils s'obstinent, ces cannibales,
A faire de nous des héros,
Ils sauront bientôt que nos balles
Sont pour nos propres généraux.

Ouvriers, paysans, nous sommes
Le grand parti des travailleurs ;
La terre n'appartient qu'aux hommes,
L'oisif ira loger ailleurs.
Combien de nos chairs se repaissent !
Mais, si les corbeaux, les vautours,
Un de ces matins, disparaissent,
Le soleil brillera toujours !

> C'est la lutte finale :
> Groupons-nous, et demain,
> L'Internationale
> Sera le genre humain.

Paris, juin 1871,

L'ENFANTEMENT

—

A Adolphe Douai, à New-York.

Les flancs tout en lambeaux, la mère
Est en travail sur son lit de misère,
Notre siècle est un dénouement.
L'humanité, notre âme-mère,
Est en travail sur son lit de misère.
Peuples, voici l'enfantement !

Elle attendait sa délivrance
Depuis bien des jours ! Mais : voici !...
Son cœur qui s'appelle la France,
Devine un mâle et dit : merci !
« Qu'importent mes douleurs profondes,
» Voici mon temps, voici mon lieu ! »
Et dans l'infini noir, les mondes
La veillent d'un regard de feu.

Chair qu'on dégrade et qu'on immole,
Dans un passé presqu'inconnu,
Ce fut d'abord la vierge folle
Se livrant au premier venu.
Assez d'orgie et de batailles,
Assez d'esclavage muet,
Elle a senti dans ses entrailles
Quelque chose qui remuait.

Il lui fallut percer les ombres,
Traverser les bûchers ardents,

Des dieux balayer les décombres,
Gravir la route, épée aux dents,
Triompher des rois et des castes
Et, dans ce combat éternel,
Pendant mille siècles néfastes,
Traîner son fardeau maternel.

Près d'elle un groupe de tout âge !
Le plus jeune a le fer en main :
« Employons le forceps, courage,
» Que tout s'achève avant demain ! »
Ah ! jeune homme, en cette heure amère,
La science te le défend,
Tu risques de blesser la mère,
Tu risques de tuer l'enfant.

Des pièces de cent sous vivantes,
Se parlent bas : « S'il vient à bien,
» Agio, banque, achats et ventes,
» Tout est fini : l'Or n'est plus rien.
» Si ce n'est qu'une fausse couche,
» On verra la Bourse monter,
» Grimpons à pieds joints sur sa couche,
» Tâchons de la faire avorter ! »

Place aux derniers, aux misérables,
Aux va-nu-pieds, aux rejetés,
Peuplant par foules innombrables,
Les campagnes et les cités.
« Il n'est plus d'ennemi qui bouge,
» Mère, mère, l'heure a sonné,
» Couvre de notre drapeau rouge
» Le berceau de ton nouveau-né ! »

Paris, juin 1848.

JEAN LEBRAS

Au citoyen Charles Bougrat.

Jean Lebras fut un pauvre hère,
Issu de pauvres père et mère,
　　Par accident,
　　A leur corps défendant.
L'amour a triché la misère.
　　Jean Lebras,
　　Pauvre Jean Lebras !
Un jour tu te reposeras !

Timide et chétif de nature,
Tout malingre, à la filature
　　Il fut placé,
　　Sans savoir l'a,b,c,
Il n'apprit que la courbature...
　　Jean Lebras,
　　Pauvre Jean Lebras !
Un jour tu te reposeras !

Sans métier, poussant dans la gêne,
Homme, il devint Homme de peine,
　　Peine en tout point,
　　Car de dimanches point.
Ce fut pour lui toujours semaine.
　　Jean Lebras,
　　Pauvre Jean Lebras !
Un jour tu te reposeras !

Il eut pour surcroît de besogne
Sœur idiote et père ivrogne,

Au bout le bout,
Peut-on suffire à tout ?.
Sur le pain, le sommeil, on rogne !
Jean Lebras,
Pauvre Jean Lebras !
Un jour tu te reposeras !

Pour un salaire des plus maigres.
Il passa ses jours les plus aigres,
En vrai cheval,
Chez un gros libéral ,
— Son patron plaignait fort les nègres. —
Jean Lebras,
Pauvre Jean Lebras !
Un jour tu te reposeras !

Tout en courant, mangeant sa miche,
De son mal il n'était pas chiche...
Se sentant vieux,
Il devint envieux...
Du chien... qui dormait dans sa niche.
Jean Lebras,
Pauvre Jean Lebras !
Un jour tu te reposeras !

Il n'eut pas l'amour qui soulage !
Un lourd colis, dans un roulage,
Raide étendu,
Coucha l'individu :
On coud sa toile d'emballage.
Jean Lebras,
Pauvre Jean Lebras !
Enfin tu te reposeras !

Gravesend, 1872.

LA MORT D'UN GLOBE

—

A B. MALON, membre de la Commune.

Aux mers d'azur où nagent les étoiles,
Notre œil de chair se noie en se plongeant,
Mais l'infini parfois lève ses voiles
Pour notre esprit, cet œil intelligent.
Peuplés du ciel, les astres ont une âme.
Leur tourbillon peut jouir ou souffrir
L'amour unit tous ces frères de flamme :
Pleurez, soleils, un globe va mourir !

Il pivotait dans son noble équilibre,
Pour que jamais on n'y connût la faim.
L'homme groupé pouvait, heureux et libre,
Tirer de lui des récoltes sans fin.
Mais ses erreurs ont causé ses désastres,
Sous la contrainte il s'est laissé pourrir,
De son typhus il gangrène les astres,
Pleurez, soleils, un globe va mourir !

Fleuve de sang, la guerre s'y promène,
L'Idée y porte un bâillon outrageant.
L'anthropophage y vit de chair humaine,
De chair humaine y vit l'homme d'argent.

C'est le bourreau qui, dans ses mains infâmes,
Porte ce globe et qui semble l'offrir
Au Dieu vengeur, au dieu bourreau des âmes,
Pleurez, soleils, un globe va mourir !

Pourtant le code est écrit dans nos veines ;
L'attrait conduit les esprits et les corps.
Du grand concert des volontés humaines
Les passions sont les divins accords.
Non, le poids ment ! l'âme à tort se dilate,
En amputant la hache croit guérir :
De Prométhée on fait un cul-de-jatte !...
Pleurez, soleils, un globe va mourir ! ,

On entendra comme un sanglot qui navre.
Dernier soupir du condamné géant,
L'Eternité prendra ce grand cadavre
Pour l'enfouir aux fosses du néant.
Les univers, au sein des nuits profondes,
Cherchant ses os les pourront découvrir
Au champ de lait, cimetière des mondes.
Pleurez, soleils, un globe va mourir !

Jouy-en-Josas, 1849.

PROPAGANDE DES CHANSONS

A Gustave NADAUD

Le monde va changer de peau,
   Misère, il fuit ton bagne,
Chacun met cocarde au chapeau,
   L'ornière et la montagne ;
Sac au dos, bourrez vos caissons !
   Entrez vite en campagne,
     Chansons !
Entrez vite en campagne !

Avec vous, montant aux greniers,
   Que l'espoir s'y hasarde !
Grabats sans draps, pieds sans souliers,
   Froid qui mord, pain qui tarde ;
On y meurt de bien des façons !...
   Entrez dans la mansarde,
     Chansons !
   Entrez dans la mansarde !

Que le laboureur indigent
   Voie à votre lumière
Si la faulx des prêteurs d'argent
   Tond ses blés la première.
Mieux vaudrait la grêle aux moissons.
   Entrez dans la chaumière,
     Chansons !
Entrez dans la chaumière !

Les marchands sont notre embarras,
    L'esprit démocratique
Tombe à zéro, — souvent plus bas ! —
    Chez l'homme qui trafique.
Tirez du feu de ces glaçons !...
    Entrez dans la boutique,
        Chansons !
    Entrez dans la boutique !

On vous prendra, dit le rusé,
    Propriété, famille.
Le propriétaire abusé
    S'enferme et croit qu'on pille.
Pour guérir ces colimaçons,
    Entrez dans leur coquille,
        Chansons !
    Entrez dans leur coquille !

En paix, l'armée est un écrou
    Dans la main qui gouverne,
Pour serrer le carcan au cou
    Du peuple sans giberne.
Cet écrou, nous le dévissons...
    Entrez dans la caserne,
        Chansons !
    Entrez dans la caserne !

Paris, 1848.

LA GUERRE

—

A Eugène Baillet (*Lice chansonnière*).

On vient de déclarer la guerre :
« Allons-y ! disent les vautours ;
« Mais cela ne nous change guère.
« N'est-ce pas guerre tous les jours ? »

Du moins elle jette son masque
En riant d'un rire insensé,
Le squélette a coiffé son casque,
Son cheval-squelette est lancé.

Elle couvait, aussi perverse,
De classe à classe, à tous degrés ;
Ici, guet-apens du commerce ;
Là, famille à couteaux tirés.

Privé d'essor, le brigandage
Chutait au bagne à tout propos ;
On ne tolérait le pillage
Qu'à titre de banque et d'impôts.

On sevrait la soif sanguinaire ;
On réprimait le fauve instinct ;
On inquiétait Lacenaire,
On chagrinait ce bon Castaing.

Ah ! nous blâmions l'infanticide !
Nos fils ont vingt ans... et ce soir
Le conseil des bouchers décide
Lesquels sont bons pour l'abattoir.

Emplumés, tatoués, nous sommes
Des Peaux-Rouges, des clans rivaux.
Jetons au sol un fumier d'hommes.
« La terre en produit de nouveaux ! »

Souffleté, l'Evangile émigre,
Les apôtres s'en vont bernés,
O patrie ! un reste de tigre
Rugit dans tous les « cœurs bien nés ! »

On chauffe à blanc votre colère,
Peuples sans solidarité,
Mis au régime cellulaire
De la nationalité,

L'obus déchire la nuit noire,
Le feu dévore la cité ;
Le sang est tiré... viens le boire !
Toi, qu'on nomme l'Humanité,

Le droit de la force et du nombre
Piaffe sur les vaincus meurtris ;
La gloire étend sur le ciel sombre
Ses ailes de chauve-souris.

Guerre ! guerre ! mais qu'attend-elle
Pour broyer la chair et les os ?
Elle attend la feuille nouvelle,
Le mois des fleurs et des oiseaux.

Paris, 1857.

LA GRÈVE DES FEMMES

—

A Édouard HACHIN (*Lice chansonnière*).

Il surgit une autre Pucelle.
Insurgeant la femme elle dit :
« Jusqu'à la paix universelle
» Tenons l'amour en interdit.

» A bas la guerre ! en grève ! en grève !
» La femme doit briser le glaive.
» Nargue à l'époux, nargue à l'amant !
    » Jusqu'au désarmement :
    » Les femmes sont en grève !

» Cœurs dévoués, brunes ou blondes,
» Que le sang versé révolta ;
» O citoyennes des deux mondes.
» Faisons notre grand coup d'Etat !

» Puisque la guerre inassouvie
» Entasse morts et mutilés,
» Nous, sur les portes de la vie,
» Dès ce soir posons les scellés !

» Ce noble but, chastes coquettes,
» Nous l'atteindrons les bras croisés !
» En rayant le droit de conquêtes,
» En rayant le droit aux baisers !

» Monsieur, je suis votre servante,
» Exercez-vous au chassepot !
» Le lit conjugal est en vente
» Pour cause de refus d'impôt.

» Epouses, mères, que nous sommes,
» Laissons ces héros maugréer.
» Tous ceux qui massacrent les hommes
» Ne sont pas dignes d'en créer.

» Quoi ! mettre au monde et, folle et fière,
» Allaiter mes bébés joufflus,
» *Pour les jeter dans la carrière*
» *Quand leurs aînés n'y seront plus ?*

» S'il faut recruter vos milices,
» Fécondez tigresse ou guenon :
» Nous ne sommes plus vos complices
» Pour fournir la chair à canon.

» Dieu de paix, bénis ce chômage,
» Et, pour l'honneur des temps nouveaux,
» Nous ferons l'homme à ton image...
» A la reprise des travaux.

» A bas la guerre ! en grève ! en grève !
» La femme doit briser le glaive.
» Nargue à l'époux, nargue à l'amant !
»   » Jusqu'au désarmement
»   » Les femmes sont en grève ! »

Paris, 1867.

———wwww———

DON QUICHOTTE

A Flourens, assassiné.

Rencontrant la chaîne des bagnes,
Le plus grand héros des Espagnes,
Don Quichotte, accourt, lance au poing !
Sancho voudrait n'en être point !
L'argousin fuit ; le fou sublime
Des fers arrache une victime.
« — Monsieur, disait Sancho Pança,
» Laissez donc la chaîne au forçat !

» — Ami Sancho, je fais mon œuvre,
» Ce vieux forçat, c'est le manœuvre,
» Outil dans sa rouille ébréché
» Et d'un vil salaire emmanché.
» L'argent, ce maître sans entrailles,
» L'use, puis le jette aux ferrailles.
» — Monsieur, disait Sancho Pança,
» Laissez donc la chaîne au forçat !

» — Sancho, je délivre et protège
» Ce petit forçat du collège,
» Nourri d'un savoir recraché
» Par les pédants qui l'ont mâché.
» Cet esprit dont ils font un cancre
» N'est qu'un cahier barbouillé d'encre.
» — Monsieur, disait Sancho Pança,
» Laissez donc la chaîne au forçat !

» — Sors aussi, forçat de caserne,
» Ta cervelle est une giberne,

» Ta conscience, un mousqueton ;
» Tu n'es plus qu'un homme à piston.
» Pour ce métier de cannibales
» On vous fond dans un moule à balles...
» — Monsieur, disait Sancho Pança,
» Laissez donc la chaîne au forçat !

» — Et toi, forçat des sacristies,
» Jette là soutane aux orties,
» Le cloître a fait pousser en toi
» Les moisissures de la Foi.
» Rome lymphatique propage
» Les scrofules du moyen âge...
» — Monsieur, disait Sancho Pança,
» Laissez donc la chaîne au forçat ! »

» — Toi, surtout, femme infortunée.
» Incomparable Dulcinée,
» Qui gémit aux mains des géants
» Et des enchanteurs mécréants,
» Du cœur la loi rompt l'équilibre,
» Il demande l'union libre.
» — Monsieur, disait Sancho Pança,
» Laissez donc la chaîne au forçat !

O fleur de la chevalerie !
Dis-je alors dans ma rêverie,
Attaque ces géants de front
Malgré ton écuyer poltron.
Car, jusqu'au jour où ton épée
Aura clos la grande Epopée,
« — Monsieur, dira Sancho Pança,
» Laissez donc la chaîne au forçat ! »

Paris, 1869.

DÉFENDS-TOI, PARIS !

A URBAIN, membre de la Commune.

Entends-tu les pas d'une armée,
Paris, quels sombres châtiments !
Sur tes coteaux vois la fumée
Des avant-postés allemands.
Voilà ce que l'Empire coûte :
La défaite et le désarroi !
Mais tu vas leur barrer la route.
Défends-toi ! Paris. défends-toi !

En un seul jour tomber du faîte,
Grâce au culte des Intérêts,
C'est la France que nous a faite
Le règne des coupe-jarrets,
Mais tu vas rouvrir l'épopée.
Et comme ce gâteux sans foi,
Toi, tu ne rends pas ton épée.
Défends-toi, Paris, défends-toi !

S'ils entraient ! La tâche est ardue,
Quand tous les cœurs sont soulevés.
Les femmes ont la poix fondue,
Gavroche roule les pavés.

Allons, Paris, vieux camarade,
Tire la corde du beffroi,
Sois de granit..., sois barricade !
Défends-toi, Paris, défends-toi !

Jette Babylone aux orties.
Chasse dans tes sombres fureurs
Les catins et les dynasties,
Les marlous et les empereurs.
Insurge une France française,
Redeviens en ces jours d'effroi
Le volcan de quatre-vingt-treize.
Défends-toi ! Paris, défends-toi !

Septembre 1870.

GUILLAUME ET PARIS

—

Insérée au *Combat*, de Félix Pyat.

GUILLAUME

Paris, comprends ton danger :
J'ai pris ton armée au piège.
Ouvre, ou je vais t'assiéger !

PARIS

— Assiège !

GUILLAUME

Tu verras se consumer
Le vieillard, l'enfant, la femme :
Ouvre, ou je vais t'affamer !

PARIS

— Affame !

GUILLAUME

Un cratère va flamber,
Brûlant palais et mansarde.
Ouvre, ou je vais bombarder.

4

PARIS

— Bombarde !

GUILLAUME

Tous n'ont pas même raideur.
Pour la Paix qu'on maquignonne,
Quel est ton ambassadeur ?

PARIS

— Cambronne !

Novembre 1870.

LA MONTAGNE

—

A Goupil fils.

Fils de mon hôte, âme rêveuse et franche,
Un homme en vous grandit sous l'écolier.
Vous souvient-il qu'on nous vit un dimanche
Gravir le roc comme un grand escalier ?
Printemps, congé, votre âge et la campagne
Vous font oiseau. je grimpe, vous sautez ;
Pour vous l'étude est une autre montagne !
Montez gaîment, mon jeune ami, montez !

La pierre aiguë obstruait le voyage
Et les buissons dardant leurs ongles secs,
D'autres buissons vous barrent le passage :
Équations, vers latins, thèmes grecs.
Pour enjamber que d'efforts il en coûte ;
Mais regardez la cime aux reflets d'or ;
Un cœur vaillant ne peut rester en route,
Mon jeune ami, montez. montez encor !

Vous accrochant aux pousses du mélèze,
Dans les zigzags que le sentier décrit,
Vous me disiez : Comme on respire à l'aise !
Pour qu'il respire, élevons notre esprit

Loin des bas-fonds où l'erreur se promène ;
La vérité ne se prend qu'à l'assaut ;
C'est le grand air pour la pensée humaine,
Mon jeune ami. montez, montez plus haut !

Voyez ces troncs disposés en arcades,
Ces blocs taillés par un sculpteur brutal ;
Au crâne nu d'un rocher, la cascade
Met en tombant des cheveux de cristal.
Par notre soif la source en fut bénie,
Ce filet d'eau sera fleuve en son cours.
Pour aller boire aux sources du génie,
Mon jeune ami, montez, montez toujours !

Autour de vous que d'ici votre œil plonge,
Tout fasciné d'espace et de soleil.
Les eaux, les bois. les lointains, c'est un songe,
As-tu, féerie, un spectacle pareil ?
L'homme grandit pour l'infini qu'il sonde,
Sur ses hauteurs la Science l'admet.
Là, face à face, il contemple le monde,
Mon jeune ami, montez jusqu'au sommet !

     Grenoble, 1849.

MADELEINE ET MARIE

—

A Louise Michel.

Dans un faubourg tout brumeux d'industrie,
Où grouille l'homme, où grondent les métiers,
Deux blondes sœurs, Madeleine et Marie,
Faisaient penser aux fleurs des églantiers.
Elles poussaient dans la ville malsaine,
Pures d'instinct, chants d'oiseaux, rires fous,
L'homme a tué Marie et Madeleine.
Ah ! que la honte en retombe sur nous !

Ce lit d'hospice a les plis d'un suaire :
C'est Madeleine, elle est morte à vingt ans.
Déjà squelette avant qu'un peu de terre
Couvre son corps du linceul du printemps.
Voici sa carte !... Une fille de joie.
Joie ? ah ! voyez !... la ville a des égouts,
Et sous nos yeux, un pauvre enfant s'y noie.
Ah ! que la honte en retombe sur nous !

Marie aussi, chaste comme pas une,
Du travail âpre a bu l'épuisement.
Fleurs d'oranger, sur la fosse commune,
Vos brins fanés sont tout son monument.

4.

L'aiguille est lourde à la main qui la tire ;
Marie, usant ses nuits pour quelques sous,
Est au métier morte vierge et martyre,
« Ah ! que la honte en retombe sur nous ! »

Marie, ô toi, qui filais de la laine,
Repose bien tes jours inachevés.
Dors bien aussi, ma pauvre Madeleine,
Qui de leurs lits tombas sur les pavés.
Et tous les jours, Madeleine et Marie.
Quand des milliers succombent comme vous,
Rien dans nos cœurs ne se révolte et crie :
« Ah ! que la honte en retombe sur nous !

1857.

VENTRE CREUX

A Albert GOULLÉ.

J'ai faim, disait Ventre creux
  Devenu sceptique,
Je suis las des fruits véreux
  De la politique.
   Tiens ! je paie assez
  Les vieux pots cassés.
    Les partis
    Sont petits,
  Chacun a sa bande,
  J'aime mieux la viande !

Peuple, me dit en tout lieu
  Roi qui sollicite,
On ne fait bon pot-au-feu
  Que dans ma marmite.
   — Mais, grugeur d'impôt,
  De ta poule au pot
    Lorsque j'ai
    L'os rongé,
  C'est par contrebande,
  J'aime mieux la viande !

Un gras marguillier sans fiel,
  Monsieur Durosaire,

Me dit : Tu gagnes le ciel.
    Bénis ta misère.
    — Quoi ! pour mon salut
Ce jeûne absolu,
      C'est très bien,
      Très chrétien !
Que Dieu vous le rende,
J'aime mieux la viande !

Un meneur fort amical
    Me dit : Prolétaire,
Prends un bourgeois radical
    Pour ton mandataire.
    — Tout Bourgeois, mon cher,
Nourri de ma chair,
      Sur mon gain,
      Sur ma faim
Touche un dividende,
J'aime mieux la viande !

Pour qui ces torches là-bas ?
    Ces prêtres bizarres ?
Quel est ce dieu ? — Le bœuf gras !
    Sonnez les fanfares !
Animal divin.
Terrassant la faim,
      Tu nourris
      Nos esprits.
Que chacun m'entende !
J'aime mieux la viande !

1874.

L'ANTHROPOPHAGE

—

Au comte Albert de NEUVILLE.

As-tu le cœur bardé de fer ?
N'as-tu rien d'humain que la face ?
Es-tu de marbre, es-tu de glace ?
Alors suis-moi dans mon Enfer.

Je suis la vieille antropophage
Travestie en société ;
Vois mes mains rouges de carnage,
Mon œil de luxure injecté.
J'ai plus d'un coin dans mon repaire
Plein de charogne et d'ossements ;
Viens les voir ! j'ai mangé ton père
Et je mangerai tes enfants.

Ici, c'est un champ de bataille :
On a fauché pendant trois jours ;
La Faucheuse était la mitraille,
Tous ces glaneurs sont les vautours.
Le blé, dans ces plaines superbes,
Etendait son jaune tapis...
Affamés, triez pour vos gerbes
Ces corps morts d'avec les épis.

Ceci c'est la maison de filles :
La morgue de l'amour malsain ;
Pour elle, écrémant les familles,
Le luxe a raccroché la faim.
Vois, sous le gaz, la pauvre infâme
Faire ses yeux morts agaçants,
Rouler son corps, vautrer son âme
Dans tous les crachats des passants.

Voici les prisons et les bagnes :
Les protestants par le couteau,
Comptant leurs crimes pour campagnes,
Et rusant avec le bourreau.
Au bagne on met l'homme qui vole
Dès qu'il épelle seulement,
Et quand il sort de cette école
Il assassine couramment !

Entrons dans les manufactures,
Les autres bagnes font moins peur :
On passe là des créatures
Au laminoir de la vapeur.
C'est une force qu'on dépense,
Corps, âme, esprit : reste un damné.
Là, c'est la machine qui pense
Et l'homme qui tourne engrené.

J'ai bien d'autres enfers encore,
Veux-tu que j'ouvre les cerveaux ?
Le virus de l'ennui dévore
Veux-tu que j'ouvre l'âme humaine ?
La matrice de vos travaux.
Le muscle intime en est tordu ;

L'amour aigri, qu'on nomme Haine,
Y fait couler du plomb fondu.

Je suis la vieille anthropophage
Travestie en société ;
Les deux masques de mon visage
Sont : Famille et Propriété.
L'homme parqué dans mon repaire
Manque à ses destins triomphants ;
Je le tiens, j'ai mangé ton père
Et je mangerai tes enfants !

CE QUE DIT LE PAIN

—

A Léon OTTIN.

J'entends les plaisants répéter :
Que dit le pain quand on le coupe ?
Bien aisé serait d'écouter.
Rien d'éloquent comme la soupe.
Fleur de froment ou sarrasin.
A notre estomac qu'il convie,
Savez-vous ce que dit le pain ?
Savez-vous ce que dit le pain ?
Il dit : « Mangez, je suis la vie ! »

Qui sait ce que coûte le blé,
Hors les bœufs reprenant haleine
Et l'homme au visage brûlé
Qui creuse un sillon dans la plaine ?
Au grand monde inutile et vain
Qui, sans travailler le savoure,
Savez-vous ce que dit le pain ?
Savez-vous ce que dit le pain ?
Il dit : « Gloire au bras qui laboure ! »

Le progrès veut nos dévouements,
But large impose tâche amère.

Hélas ! tous les enfantements
Font saigner les flancs de la mère.
Pour stimuler l'effort humain,
Pour retremper une âme veule,,
Savez-vous ce que dit le pain ?
Savez-vous ce que dit le pain ?
Il dit : « J'ai passé sous la meule ! »

Travailleurs, quand verras-tu clair ?
Ta boulangère est dame Usure :
Mais pas plus que le jour et l'air
Le pain ne veut qu'on le mesure.
Au long vertige de la faim,
Quand la misère est condamnée,
Savez-vous ce que dit le pain ?
Savez-vous ce que dit le pain ?
Il dit : « Fais ta grande fournée ! »

Nous pompons nos gouttes de sang
Dans les sucs de la nourriture ;
Notre corps, toujours renaissant,
S'assimile ainsi la nature.
Quand il devient par cet hymen
Cerveau qui médite et chair rose,
Savez-vous ce que dit le pain ?
Savez-vous ce que dit le pain ?
Il dit : « C'est mon apothéose ! »

1867.

LE CHÔMAGE

A Léon Cladel.

Mon patron n'a plus d'ouvrage
Et nous n'avons plus de bois :
C'est l'hiver, c'est le chômage.
Toutes les morts à la fois !

Pas un pouce de besogne.
Il neige : le ciel est gris ;
A chaque atelier je cogne,
J'ai déjà fait tout Paris,
Plus de crédit, rien à vendre
Et le loyer sur les bras.
Partout on me dit d'attendre,
Et la faim qui n'attend pas !

Des riches (Dieu leur pardonne !)
M'ont dit souvent : Mon ami,
Il faut, quand l'ouvrage donne.
Faire comme la fourmi !
Epargner ? Mais c'est à peine
Si l'on gagne pour manger :
Quand on touche sa quinzaine,
On la doit au boulanger.

La nuit est dure aux mansardes ;
Pas de soupers réchauffants ;
La mère en vain de ses hardes
Couvre le lit des enfants.
Les petites créatures
Hier ont bien grelotté.
Dire que nos couvertures
Sont au Mont-de-piété !

L'autre hiver, mon cœur en crève,
J'ai perdu le tout petit ;
C'est rare qu'on les élève
Quand la mère a tant pâti.
Avant peu, je dois le craindre,
Nos deux jumeaux le suivront...
Après tout, les plus à plaindre
Ne sont pas ceux qui s'en vont !

Combien, chargés de famille,
Qui boivent pour s'étourdir !
Mon aînée est une fille,
J'ai peur de la voir grandir.
Dieu veuille qu'elle se tienne,
Car, à seize ans, pour un bal,
Pour une robe d'indienne,
Une enfant peut tourner mal !

Je ne veux plus, quand je marche,
Le soir, passer sur le pont,
A l'eau qui gémit sous l'arche,
Quelque chose en moi répond :
Dans ton gouffre noir, vieux fleuve,
Est-ce l'homme que tu plains ?

Avec tes soupirs de veuve
Et tes sanglots d'orphelins !

Mon patron n'a plus d'ouvrage
Et nous n'ayons plus de bois :
C'est l'hiver, c'est le chômage,
Toutes les morts à la fois !

LE FILS DE LA FANGE

—

A Lucien-Victor MEUNIER, auteur des *Clameurs du pavé*.

Elle traîne à demi rongée
Sa vieillesse de dix-sept ans ;
Sa robe de haillons frangée,
Ses bas troués, ses seins pendants.
Du tapis franc, c'est la femelle.
Eh quoi ! cette éponge à vin bleu,
Cette fille, cette femelle,
Elle est enceinte ! ah ! nom de Dieu !

    Pauvre petit être
    Que rien ne défend,
    Eh ! quoi, tu vas naître
    Comme un autre enfant ?

Ta mère, inscrite à la police,
Lasse de sa maternité,
Va mettre bas dans un hospice
Ta jeune âme et ton sang gâté.
Tu ne sauras rien de ton père :
Le vice en rut, le hasard gris,
Un soir, ont payé pour te faire,
Quelques sous pleins de vert-de-gris

Maraudant l'ordure à la halle,
Et t'abrutissant par l'alcool,
Tu seras l'enfant de la balle,
Du vagabondage et du vol.
On t'ouvrira le séminaire
De l'escarpe et du chourineur :
Des élèves de Lacenaire
T'enseigneront le point d'honneur.

Au crime tout te prédestine.
Frère ! les mains rouges de sang,
Si tu meurs sur la guillotine,
Nul ne s'en peut croire innocent.
Tu vas où ton milieu te pousse,
Fils de la Fange, sang gâté,
Ah ! qu'au moins ta vie éclabousse
Le front de la société !

Pauvre petit être
Que rien ne défend,
Eh quoi ! tu vas naître
Comme un autre enfant ?

J'AI FAIM

Au citoyen FAUVERT.

J'ai faim ! j'ai faim ! dit le corps,
Je n'ai pas le nécessaire ;
Le ver ronge moins les morts
Que les vivants, la misère.
Quand donc aurai-je du pain ?
J'ai faim, dit le corps, j'ai faim !

J'ai faim ! j'ai faim ! dit l'esprit,
Je ne vais pas à l'école ;
En vain la nature écrit,
On croit l'erreur sur parole.
Quand donc aurai-je du pain ?
J'ai faim, dit l'esprit, j'ai faim !

J'ai faim ! j'ai faim ! dit le cœur,
Et je n'ai pas de famille ;
Mon fils est un escroqueur
Et ma fille est une fille.
Quand donc aurai-je du pain ?
J'ai faim, dit le cœur, j'ai faim !

J'ai faim ! j'ai faim ! dit le tout.
Faim d'amour et de justice ;
Sème ton grain, que partout
La triple moisson jaunisse.
Alors l'homme aura du pain,
Nature n'aura plus faim !

Mars, 1848.

LEUR BON DIEU

—

Au citoyen Joseph Durand, de Lyon.

Dieu jaloux, sombre turlutaine,
Cauchemar d'enfants hébétés,
Il est temps, vieux croquemitaine,
De te dire tes vérités.
Le Ciel, l'Enfer : fables vieillottes,
Font sourire un libre penseur.
    Bon dieu des bigotes,
    Tu n'es qu'un farceur.

Tu nous fis enseigner par Rome
En face du disque vermeil,
Que Josué, foi d'astronome,
Un jour arrêta le soleil.
Ton monde, en six jours tu le bâcles,
O tout-puissant Ignorantin.
    Bon dieu des miracles,
    Tu n'es qu'un crétin.

La guerre se fait par ton ordre,
On t'invoque dans les deux camps.
Comme à deux chiens prêts à se mordre,
Tu fais kiss! kiss! à ces brigands.

5.

Les chefs assassins tu les sacres,
Tu les sôûles de ta fureur.
    Bon dieu des massacres,
    Tu n'es qu'un sabreur !

On connaît tes capucinades
Et l'on te voit, mon bel ami,
Te pourlécher des dragonnades,
Humer les Saint-Barthélemy.
Bûchers flambants font tes délices,
Tu fournis la torche à Rodin.
    Bon dieu des supplices,
    Tu n'es qu'un gredin.

Macaire t'a graissé la patte.
Larrons en foire sont d'accord.
Saint Pierre tire la savate
Sitôt qu'on s'attaque au veau d'or.
Des compères de Bas-Empire,
C'est encore toi le plus marlou.
    Bon dieu des vampires,
    Tu n'es qu'un filou.

TU NE SAIS DONC RIEN?

—

A Henri ROCHEFORT.

La mort a fait double saignée :
Guerre civile, invasions,
Toute la nature indignée
Doit se tordre en convulsions.
J'ai soif de sa haine robuste,
Soif d'un chaos diluvien.
Eh quoi ! toujours ton calme auguste...
O forêt ! tu ne sais donc rien ?

O calme insensé, tu me navres !
Ramassés à pleins tombereaux,
J'ai vu piétiner des cadavres
Qu'auraient respectés des bourreaux.
La chaux vive et la tombe noire
Ne nous diront jamais combien !
Quoi, toujours le ciel en ta moire,
Flot rêveur, tu ne sais donc rien ?

Par milliers, pontons, lourdes grilles,
Vous gardez les vaincus maudits,
Ces gueux nourrissaient leurs familles
Ils étaient pères, ces bandits.
Loin d'eux leurs bébés, faces blanches,
Sont morts sans le pain quotidien.
Quoi ! toujours des nids dans tes branches,
Vieux chêne, tu ne sais donc rien?

En nous lançant dans la fournaise,
Poète, artiste et travailleurs,

Nous voulions de cette genèse
Tirer l'homme et le sort meilleurs ;
La gangrène a repris les âmes
Et la chiourme le galérien.
Quoi ! toujours cendre et jamais flammes ?
O volcan, tu ne sais donc rien ?

On a mitraillé les guenilles,
La misère étant un forfait !
De quel pain vont vivre nos filles ?
Notre œuvre, hélas ! qu'en a-t-on fait ?
Nous voulions dans les plus infimes
Faire germer le citoyen.
Quoi, toujours empourprer les cimes
O soleil, tu ne sais donc rien ?

La bave aux crocs, la rage crève,
Plus haineux, l'avenir fait peur,
Le charnier a bu notre sève,
Nous n'avons plus de sang au cœur.
La France agonise étouffée,
Le Bourgeois succède au Prussien.
Quoi ! toujours ton brouillard de fée,
Lointain bleu, tu ne sais donc rien ?

C'est Naissance et non Funérailles,
Répond la sombre Humanité.
Ne vois-tu pas que mes entrailles
Vont enfanter l'Egalité ?
Eponge le sang qui nous couvre,
L'enfant de ma chair c'est le tien !
Quoi ! douter ? lorsque mon flanc s'ouvre,
O penseur, tu ne sais donc rien ?

Gravesend, juillet 1871.

EN AVANT! LA CLASSE OUVRIÈRE

—

APPEL

En avant ! les forges, les mines,
Les fabriques et les chantiers.
Compagnons de tous les métiers,
Martyrs de toutes les famines,
Forçats que la misère vend
A la bourgeoisie usurière,

En avant ! la classe ouvrière,
La classe ouvrière, en avant !

Venez, l'enfant ; venez, la femme ;
Pâles meurtris des greniers froids :
La douleur affirme ses droits,
Les sanglots ont fait leur programme.
Il faut à tout être vivant
Sol, outils, matière première.

En avant ! la classe ouvrière,
La classe ouvrière, en avant !

Sur vous, ouvriers de charrue,
Batteurs en grange, vignerons,
Valets de ferme, bûcherons,
L'usure étend sa main bourrue :
La grande culture arrivant
Englobera lopin, chaumière.

En avant ! la classe ouvrière,
La classe ouvrière, en avant !

Vous qui sombrez dans les déboires,
Marchands, débitants, boutiquiers,
Pour vous avaler par milliers,
Un monstre ouvre ses deux mâchoires :
On nomme ce requin géant :
Féodalité financière.

En avant ! la classe ouvrière,
La classe ouvrière, en avant !

DÉCLARATION DES DROITS ET GRIEFS

Meurt-de-faim, c'est à nous le globe.
Par nos longs travaux du passé,
Siècle à siècle, il s'est amassé
L'héritage qu'on nous dérobe.
L'humanité se soulevant
Veut en rester l'usufruitière.

En avant ! la classe ouvrière,
La classe ouvrière, en avant !

Dans quelques mains tout se concentre
La vapeur bout sans arrêter ;

Nos bras ne pouvant plus lutter,
Que faire ? Nous sangler le ventre
Ou peupler leurs bagnes, crevant
Sous la machine meurtrière?

En avant ! la classe ouvrière,
La classe ouvrière, en avant !

Eh ! quoi, nos forces collectives,
Quoi ! vapeur, ton souffle éperdu
Pour milliarder l'individu,
Pour gaver les classes oisives ?
Reprends ta ruche, essaim vivant :
C'est aux fourmis la fourmilière,

En avant ! la classe ouvrière,
La classe ouvrière, en avant !

Nos patrons sont nos adversaires,
Leurs canons l'ont prouvé cent fois.
En face du camp des bourgeois.
Dressons le camp des prolétaires !
Suis-nous, artiste et toi savant;
Nos marteaux forgent la lumière.

En avant ! la classe ouvrière,
La classe ouvrière, en avant !

Babœuf après quatre-vingt-treize,
La Croix-Rousse et son drapeau noir,
Juin, les jours du désespoir
Et le mur du Père-Lachaise,
N'est-ce pas le mal s'aggravant
Et pour progrès... le cimetière ?

En avant ! la classe ouvrière,
La classe ouvrière, en avant !

VOTE DE CLASSE

Et croyez-vous, épaules lasses,
Que ceux qui chargent votre dos
Réduiront jamais vos fardeaux ?
Rompons net et votons par classes :
Plus de compromis énervant ;
Laissons les traînards dans l'ornière.

En avant ! la classe ouvrière,
La classe ouvrière, en avant !

C'est dit : Commençons, camarades,
La révolte par le scrutin ;
Tant pis pour eux si leur tocsin
Couvre Paris de barricades.
Les pouvoirs affolés souvent
Font sauter cette poudrière.

En avant ! la classe ouvrière,
La classe ouvrière, en avant !

Commune, tu seras suivie,
C'est le grand assaut pour le pain,
Chacun doit manger à sa faim !
Chacun doit vivre à pleine vie !
Toi, drapeau rouge, flotte au vent,
Salué de la terre entière.

En avant ! la classe ouvrière,
La classe ouvrière, en avant !

APRÈS NOUS LA FIN DU MONDE

—

Au citoyen Eugène CHATELAIN.

A Compiègne, un soir,
Pieuvres de boudoir
Et maréchaux de la prime,
Au feu provoquant
D'un souper-volcan,
Portent l'orgie au sublime.
L'or respiré
L'or dévoré,
Débonde ;
Les yeux, les voix
Chantent à la fois
Sa ronde.
Chacun crie : Encor !
Vivons sans report !
Après nous la fin du monde !

Un toast à l'argent,
Le suprême agent,
Dit le Titan de la banque,
La richesse est tout,
Retournons l'atout,
Ce n'est pas l'enjeu qui manque.

Pressons si fort.
Qu'en moelle d'or
Tout fonde,
Crédit, journaux,
Chemins et canaux,
Terre, onde.
Saignons sur bilan
L'avenir à blanc.
Après nous la fin du monde !

Un toast à l'amour !
Dit la Pompadour
Qui la veille était lingère.
Un nabab s'est pris
Sur ma mise à prix,
Quelqu'un couvre-t-il l'enchère ?
Turlututu
Pour la vertu
Qui gronde.
Qu'à son grabat
Mon lit d'apparat
Réponde :
J'ai pour édredon,
Plumé Cupidon,
Après nous la fin du monde !

Un toast au pouvoir !
Car le temps est noir,
Dit un gueux tranchant du prince.
Du spectre affamé
L'abîme est fermé,
Mais le couvercle en est mince.
L'Eglise en soi

N'a plus sa foi
  Profonde ;
Nul souverain
N'a ce bras d'airain
  Qui fonde.
Bah ! gagnons du temps !
Nos fils ont vingt ans...
Après nous la fin du monde !

  Silence aux valets !
Dans ces vieux palais
L'incendie a la parole...
  Armé d'un pavé,
  Banco s'est levé
Il porte un toast au pétrole :
  « Globe sans cœur,
  » Que ma sueur
    » Féconde,
  » Dois-je aux bandits
  » Faire un paradis
    » Immonde ?
  » Non, grève sans fin !
  » Crevons tous de faim !
» Après nous la fin du monde ! »

Paris, 1871.

N'EN FAUT PLUS

—

A. J. Joffrin, Conseiller municipal.

Pas-Froid-aux-Yeux, le faubourien,
Disait : « D'un tas de propre-à-rien
» Il est rien temps qu'on se soulage,
» Sous le siège on les a bien vus,
 » N'en faut plus !...
» Des asticots dans le fromage
 » N'en faut plus !...
» La coterie, il n'en faut plus !... »

« Faisant sa piaffe et cassant d'or,
» Vois-tu ce crâne état-major
» S'*absinthant* les jours de batailles ?
» Guerriers foireux, bourreaux poilus
 » N'en faut plus !...
» Des exécuteurs de Versailles
 » N'en faut plus !...
» La coterie, il n'en faut plus !... »

« Et ces camelots du bon Dieu
« Battant comtois dans le saint lieu,
» Vendant la Salette salée
» Contrôlée au cœur de Jésus,
 » N'en faut plus !..
» Des Mangins de l'Immaculée
 » N'en faut plus !...
» La coterie, il n'en faut plus !... »

« Et ces vieux larbins herminés,
» Qui, de nos Mandrins couronnés,
» Rincent cuvette et pot de chambre
» Et guillotinent les vaincus,
  » N'en faut plus !...
» Des lèche...dos du Deux-Décembre
  » N'en faut plus !...
» La coterie, il n'en faut plus !... »

« Et ces mercadets si rupins
» Ayant mis sur tout leurs grappins,
» Boulottant la banque en julienne
» Et l'ouvrier cuit dans son jus,
  » N'en faut plus !...
» Des mange-ta-part-et-la-mienne
  » N'en faut plus !...
» La coterie, il n'en faut plus !... »

« Et ces patrons de l'atelier
» Qui, se f...ichant du journalier,
» Font de la pose radicale
» Et sont chez eux rois absolus,
  » N'en faut plus !...
» De tous ces czars en chrysocale
  » N'en faut plus !...
» La coterie, il n'en faut plus !... »

« Peux-tu me dire ce qu'ils font?
» Ils font leur poussière — ils en sont.
» Il faudra nous lever en masse,
» Un beau jour, et souffler dessus,
  » N'en faut plus !...
» C'est sale et ça tient de la place,
  » N'en faut plus !...
» La coterie, il n'en faut plus !... »

CHACUN VIT DE SON MÉTIER

Médaille d'argent au Concours de la *Lice chansonnière*,
22 août 1883.

Buvant la goutte, un croque-mort
   Dit au commissaire :
« La besogne ne va pas fort
   » Dans le funéraire.
» Avec six enfants, cher Thomas,
» Sans pourboire on est vite à bas.
   » Le mort ne va guère !
   » Le mort ne va pas !

» Dieu sait comme un printemps malsain
   » Nous est nécessaire;
» Ça fait gagner le médecin
   » Et l'apothicaire.
» Cercueils de plomb, marbre, vieux draps ;
» Le mort fait vivre tant d'états..
   » Le mort ne va guère !
   » Le mort ne va pas !

» La fosse commune va bien
   » Dans ce cimetière ;

» Oui ; mais ça ne rapporte rien,
   » La classe ouvrière.
» L'hôpital les fournit par tas,
» Et nos choux n'en sont pas plus gras.
    » Le mort ne va guère !
    » Le mort ne va pas !

  » On prévoyait deux morts cossus
    » Dans le ministère ;
» Je comptais payer là-dessus
    » Mon propriétaire.
» Pas de chance ! Hier au plus bas,
» Les voilà tirés d'embarras !
    » Le mort ne va guère !
    » Le mort ne va pas !

  » Le mort, c'est vrai, met en chagrin
    » Bien des gens sur terre.
» Mais, que veux-tu ? c'est notre pain.
    » Chacun son affaire.
» Je n'ai mis les deux bouts, Thomas,
» Qu'au bon temps des deux choléras.
    » Le mort ne va guère !
    » Le mort ne va pas ! »

L'AUGE

—

A J.-B. Clément, membre de la Commune.

L'ordre bourgeois, c'est l'auge immense
Où de gros porcs sont engraissés.
Tous les fumiers de l'opulence
Sous leurs groins sont entassés.
Ils se gavent du populaire,
Ces déterreurs de capitaux.
Ce n'est pas avec de l'eau claire
Qu'on engraisse les aristos !

Ils ont tout pris : les champs, la ville,
L'Etat, la Banque et le Trésor,
Des faux savants la clique vile
Erige un culte au cochon d'or.
Un vin pressuré du salaire,
Les saoule au fond de leurs châteaux...
Ce n'est pas avec de l'eau claire
Qu'on engraisse les aristos !

Affamé, squelette qui navre,
Vois-les digérer, triomphants,
La chair qui manque à ton cadavre,
La cervelle de tes enfants.

Quand leur règne affreux se tolère,
Les peuples y laissent leurs os.
Ce n'est pas avec de l'eau claire
Qu'on engraisse les aristos !

Dans leur ordure ensoleillée,
Conchiant l'industrie et l'art,
La haute classe entripaillée
Fait des lois et se fait du lard.
Tout se faisande pour leur plaire,
Il leur faut larbins et châteaux.
Ce n'est pas avec de l'eau claire
Qu'on engraisse les aristos !

Abrutis par les folles sommes
Qu'ils volent aux crève-de-faim,
Ces pourceaux ne seront des hommes
Que quand ils gagneront leur pain.
Bientôt leur auge séculaire
Va s'effondrer sous nos marteaux.
Ce n'est pas avec de l'eau claire
Qu'on engraisse les aristos !

LA COMMUNE A PASSÉ PAR LA !

—

A. Ed. VAILLANT, membre de la Commune.

La Commune est un coup de foudre,
Et Paris peut en être fier ;
Ce globe inquiet sent la poudre
Tout comme si c'était hier.
Défaite attendant sa revanche,
Fracasse, Vautour, Loyola
Depuis lors branlent dans le manche...
La Commune a passé par là !

La lutte a dépavé la rue
Et décimé les bataillons ;
L'Egalité mit sa charrue
Pour fouiller au cœur des sillons.
Ce fut une hécatombe immense ;
Mais partout où le sang coula
Nous voyons germer la semence...
La Commune a passé par là !

Elle exécrait le faux grand homme
Sur une colonne planté,
Et ce culte à la guerre, comme
Une insulte à l'humanité.
Que Chauvin rugisse ou clabaude,
Le singe arriéré d'Attila
Est tombé d'une chiquenaude...
La Commune a passé par là !

Il vous souvient des Tuileries ?
Décembre y logea son bourreau ;
Il en fit par ses drôleries
Un palais à gros numéro.
En ce temps de peste et de lucre
A l'amour il donnait le la...
Un jour on y brûla du sucre.
La Commune a passé par là !

Etats-Unis et vieille Europe,
Le travail ouvre ses Congrès,
La Science a pris la varlope,
Les marteaux forgent le Progrès.
Au soleil l'avenir se trame,
Pas de frontières pour cela :
Les peuples n'ont plus qu'un programme!
La Commune a passé par là !

Le Congrès dit : « Je revendique
» Sols, mines, puits, canal et rail,
» Télégraphe, steamer, fabrique
« Les grands instruments de travail.
» Pour la production géante
» Socialisons tout cela,
» Biffons la classe fainéante... »
La Commune a passé par là !

Les cerveaux boivent la lumière,
Elle grandit les travailleurs ;
Dans l'atelier, dans la chaumière,
Ils sont plus instruits et meilleurs.
Lorsqu'au fond du plus pauvre bouge
On crie : « O grand jour, te voilà ! »
C'est qu'ils rêvent du drapeau rouge!
La Commune a passé par là !

DÉJA!

—

A la citoyenne Paule MINK.

Au petit jour, la neige tombe,
Tourbillonnante par les airs ;
Un drap de plumes de colombe
S'étend sur les pavés déserts.
Bientôt j'y repassai, la roue,
Le pied de l'homme y pataugea ;
Plus de neige, hélas ! de la boue !
  Déjà !

Avait-elle quinze ans? Non, certes!
Pas encore, vieille en même temps.
Sur son visage à teintes vertes,
Rien de l'enfance et du printemps.
L'hébétement de sa prunelle
Disait quel vautour la rongea ;
On sentait du cadavre en elle,
  Déjà !

Elle allait fangeuse et suspecte,
Qui la suivait? des cheveux gris,
Au fond d'une ruelle infecte,
D'où bientôt partirent des cris.
Un agent vint dans la bagarre,
Brutalement l'interrogea,
Puis l'emballa pour Saint-Lazare.
  Déjà !

SALUT AUX QUINZE MILLE VOIX

—

Au citoyen MESUREUR, président du Conseil municipal.

Premier succès du parti ouvrier aux élections
municipales en 1880.

Salut ! c'est le vote de classe,
Le premier réveil des vaincus,
La clé pour sortir de l'impasse,
Le programme de Spartacus ;
C'est la plèbe que tu fusilles,
Féodalité de bourgeois,
Qui vient pour raser tes bastilles.
Salut ! aux quinze mille voix !

Le jeune parti qui s'affirme
Va de l'avant et vote clair,
Rejette le louche et l'infirme :
C'est la pointe entrant dans la chair.
Car il entend, classes oisives,
Socialiser à la fois
Toutes les forces productives.
Salut ! aux quinze mille voix !

Fils de l'Internationale,
Il dit aux bourgeois : C'est rompu !

Je ne mets pas ma main loyale
Dans l'amalgame corrompu ;
Car j'ai la devise suprême
Que Varlin signait autrefois :
« Travailleur, sauve-toi toi-même ! »
Salut ! aux quinze mille voix !

Il veut, brutal dans sa droiture,
Abolir le Salariat,
Des dons gratuits de la nature
Saisir le Prolétariat,
Et résorbant la bourgeoisie,
Dégager d'un monde aux abois
Beaux-arts, Science et Poésie.
Salut ! aux quinze mille voix !

Au nom d'un passé de martyre,
Des vaillants, dont le siècle est veuf,
Des purs que la justice attire :
Flourens, Ferré, Blanqui, Babœuf,
Au nom de leur mort rayonnante,
Des foulés suivant leurs convois,
Et de la semaine sanglante :
Salut ! aux quinze mille voix !

UN UTOPISTE EN 1800

—

A. CLÉMENCE, membre de la Commune.

A Versailles, un cerveau brûlé
En coucou près de moi se place
Et me dit, à peine installé :
Monsieur, des destins j'ai la clé !
Le monde va changer de face ;
Laissant la routine au coucou,
Déployons notre aile invisible !...
Or, que répondre à pareil fou ?
« C'est très beau ! mais c'est impossible !

» — Paris, dit-il, sera dans peu
» A vingt minutes de Versailles.
» Nos chevaux mangeront du feu.
» Ce mont gênera, mais morbleu !
» Nous lui percerons les entrailles.
» La flèche qui nous devançait
» N'atteindra qu'après nous la cible...
» — Monsieur, j'ai lu *Petit Poucet !*...
» C'est très beau ! mais c'est impossible !

» — Au lieu d'ouvriers indigents,
» Dans vos fabriques, des génies

» Vont créer de souples agents,
» Plus forts et plus intelligents
» Que les nègres des colonies !...
» L'eau bouillante étant leur moteur,
» On les nourrit de combustible...
» — Vraiment ! des nègres à vapeur,
» C'est très beau ! mais c'est impossible !

» — On combine un gaz merveilleux.
» Eteignez-moi vos réverbères,
» La ville en aura mal aux yeux.
» Toutes les étoiles des cieux
» Vont lui servir de luminaires.
» Partout leur éclat resplendit.
» La nuit n'est plus compréhensible !...
» — Des étoiles en plein midi ?
» C'est très beau ! mais c'est impossible !

» — L'éclair deviendra votre voix,
» Et ne haussez pas les épaules
» Prêtant l'oreille en mille endroits,
» Nous allons entendre à la fois
» Parler l'équateur et les pôles.
» La foudre, à qui veut l'en charger,
» Porte une dépêche lisible...
» — Diantre ! quel pigeon messager !
» C'est très beau ! mais c'est impossible !

» — Pour qui prenez-vous le soleil ?
» Pour un vieux poêle à votre usage ;
» Mais on lui cherche un appareil
» Et cet artiste sans pareil
» Sera peintre de paysage.

» Il gravera monts et forêts,
» Jusqu'au détail imperceptible !...
» — Fera-t-il aussi les portraits ?
» C'est très beau ! mais c'est impossible !

» — Ah ! frère, si tu pouvais voir
» Quel torrent d'amour s'amoncelle !
» Les peuples unis vont avoir
» La terre enfin pour réservoir
» De jouissance universelle ! »

— Pauvre fou ! J'ai serré sa main,
Déplorant mon doute invincible...
Ah ! le bonheur du genre humain !
C'est très beau ! mais c'est impossible !

1868.

LES CLASSES DIRIGEANTES

A Ernest Vaughan.

Tout un flot d'étoiles filantes
Sur ce globe s'est abattu,
Et, de nos classes dirigeantes,
Il ne reste plus un fétu.
Ceux qui nous guidaient dans l'impasse,
Nos hommes d'Etat creux et lourds,
Sont allés diriger l'espace...
Et la Terre tourne toujours !

Ils ne sont plus ! qu'allons-nous faire ?
Devant qui nous mettre à genoux ?
L'Etat tenait tout dans sa sphère,
Ces gaillards-là pensaient pour nous !
Sans eux, moutons, saurez-vous paître ?
Qui tiendra la bride aux amours ?
Quoi ! pas même un garde champêtre !
Et la Terre tourne toujours !

Où sont ces doctrinaires chauves
Qui, de père en fils, ont voté
Codes sauvages et lois fauves
Pour sauver la société ?

Vous n'entendrez plus, prolétaires,
Couler l'eau trouble, en longs discours,
Des robinets parlementaires...
Et la Terre tourne toujours!

Quoi! plus un seul capitaliste,
Plus d'escrocs par le code absous,
Dont le génie âpre consiste
A faire suer les gros sous!
Eh! quoi le Travail et l'Idée
Sont soustraits au bec des vautours!
Quoi! Rothschild, ta caisse est vidée?
Et la Terre tourne toujours!

Pour des travaux de Pénélope
A coups de canon déchirés,
Plus d'ambassadeurs en Europe,
Ni crachats, ni cordons moirés.
Les peuples, las des vieilles trames
Et de l'eau bénite des cours,
Fraternisent par télégrammes...
Et la Terre tourne toujours!

Sachant mieux aboyer que mordre,
Où sont tant de chefs glorieux,
Qui se repliaient en bon ordre,
Pas plus morts que victorieux?
Les coups d'Etat, mèche allumée,
N'ensanglantent plus nos faubourgs.
La paix se maintient sans armée...
Et la Terre tourne toujours!

Plus de gras curés, plus de pape!
Pas même un pieux sacristain;

On ne rencontre plus Priape
En soutane d'ignorantin.
Le miracle ayant tué Rome,
Le Syllabus n'ayant plus cours,
La raison se fait Dieu dans l'Homme!
Et la Terre tourne toujours!

La Terre tourne et, plus fertile,
Nourrit des bras moins fatigués.
Dans les blés grands où croît l'utile,
L'alouette a des chants plus gais.
Le travail s'accomplit sans maîtres
Et, dans leurs loisirs de velours,
La poésie emplit les êtres,
Et la Terre tourne toujours!

LE HUIT

—

Au citoyen Paul LAFARGUE.

Toi, la terreur du pauvre monde,
Monsieur Vautour ! monsieur Vautour !
Quittance en main, tu fais ta ronde.
Déjà le huit ! déjà ton jour !
    Vautour !

Cet homme a donc créé la terre,
Le moellon... le fer et le bois !
— Non !... Cet homme est propriétaire,
Son terme vient tous les trois mois.

Oh ! c'est un rude personnage.
Avant tout autre créancier
Il peut vendre notre ménage,
Nous donner congé par huissier...

De par la loi sèche et bourrue,
Femmes en couche et moribonds,
Tant pis, s'il vous flanque à la rue !
On ramasse les vagabonds !

Lorsque chômage et maladie
Attristent déjà nos foyers,
Sur nous, comme une épidémie,
Sévit la hausse des loyers.

7

Depuis dix ans la vie afflue
Dans son quartier de terrains nus :
Encaissant seul la plus-value,
Il décuple ses revenus.

Avec nos pleurs, nos sueurs vaines.
Il a gâché tout son mortier.
C'est le plus pur sang de nos veines
Qu'il touche en rentes par quartier.

Un prompt remède est nécessaire...
Vautour est féroce et subtil :
Mais, s'il pousse à bout la misère,
Comment cela finirat-il ?

Il faut que le pauvre s'abrite,
On a sommeil comme on a faim.
Ne doit-on pas taxer le gîte
Comme l'on a taxé le pain ?

L'usure a ses heures tragiques.
Foulon vous apprend, mes amours,
Comme on promène au bout des piques
La tête pâle des vautours.

Toi, la terreur du pauvre monde,
Monsieur Vautour ! monsieur Vautour !
Quittance en main, tu fais ta ronde.
Déjà le huit ! déjà ton jour !
    Vautour !

Paris, 1832.

L'ENTERRÉ VIVANT

—

Au citoyen Auguste VAILLANT.

L'air, plein de senteurs capiteuses,
Grisait les couples amoureux.
Je vis un homme, aux mains calleuses,
Descendre, en un trou ténébreux.
Le ciel resplendit; juin donne
Son suc d'allégresse et d'espoir,
L'essaim fait son miel et bourdonne...
L'homme est toujours dans son trou noir !

Comme on comprend bien la paresse !
Les lézards se disent : « Dormons ! »
Cette brise est une caresse,
Un velours bleu dans les poumons.
— L'homme portait une lanterne ; —
Mais voyez : les lapins, le loir,
Font leur sabbat dans la luzerne...
L'homme est toujours dans son trou noir ;

Un pareil jour, les forêts vertes
Devraient se remplir d'écoliers;
On tient partout, grandes ouvertes,
Les fenêtres des ateliers.

Que fait-il, loin de la lumière ?
C'est au soleil qu'il fait beau voir
Les chantiers de la fourmilière...
L'homme est toujours dans son trou noir !

Le grillon tourne sa crécelle,
Puis tout s'apaise et s'embrunit.
Le moineau, la tête sous l'aile,
S'endort dans la chaleur du nid.
N'a-t-il pas fini sa journée ?
Voici les étoiles du soir.
La voûte est toute illuminée...
L'homme est toujours dans son trou noir !

Il sort enfin ! quels lieux funèbres
Habite donc ce noir maudit !
On croirait qu'il sort de ténèbres
Bien plus épaisses que la nuit.
O mineur ! c'est le cimetière
Où ton dur métier te fait choir.
Cadavre en vie ou dans la bière,
L'homme est toujours dans son trou noir !

LA NOUVELLE ÈRE

—

A Vladimir GAGNEUR, député.

Labeur ! dans tes champs usurpés,
  Régnait la misère inféconde.
Rendons la terre aux travailleurs groupés,
  Du vieux chaos tirons le monde.
Libres essors, régnez, c'est votre jour,
    Travail, justice, amour.
    Régnez, c'est votre tour !

Vous, rails pour l'échange croissant,
  Posez vos réseaux dans nos plaines,
Que tout circule, et la vie et le sang,
  Comme en un corps marbré de veines.
Libres essors, régnez, c'est votre jour,
    Travail, justice, amour,
    Régnez, c'est votre tour !

Charbon, vésuve souterrain,
  Emplis la machine de lave,
Fais bouillir l'âme en son cerveau d'airain,
  Donne des bras à notre esclave.
Libres essors, régnez, c'est votre jour,
    Travail, justice, amour,
    Régnez, c'est votre tour !

Steamers, agents du producteur,
  Allez, par les mers orageuses,
Ensemencer le pôle et l'équateur,
  Comme des graines voyageuses.
Libres essors, régnez, c'est votre jour,
    Travail, justice, amour,
    Régnez, c'est votre tour !

La voix, le long d'un fil glissant,
  Au feu de l'éclair est pareille,
Et deux amis à travers l'Océan
  Vont se parler comme à l'oreille.
Libres essors, régnez, c'est votre jour,
    Travail, justice, amour,
    Régnez, c'est votre tour !

O mort, l'homme marche en avant,
  Il veut, perçant les derniers voiles,
Te devancer et se frayer vivant
  Un chemin bleu vers les étoiles.
Libres essors, régnez, c'est votre jour,
    Travail, justice, amour,
    Régnez, c'est votre tour !

Condé-sur-Vesgres, 1860.

LA GRÈVE

Au citoyen BASLY, ouvrier mineur, député de la Seine.

Au secours! vaincre est nécessaire.
Les mineurs sonnent le tocsin,
Saignons à blanc notre misère,
On fait grève au bassin d'Anzin.

Faire triompher cette grève,
Compagnons, c'est le grand devoir!
Partout où l'exploité se lève,
A ses côtés il doit nous voir.
Aux combattants il faut des vivres :
Nous, leurs copains, nous, ventres creux,
Sur chaque pain de quatre livres
Tirons une miche pour eux!

Ces hommes arrachant la houille,
Forçats dont le bagne fait peur,
Sans eux, croyez-vous qu'elle bouille,
La grande industrie à vapeur?
S'ils croisent, noirs sur leur poitrine,
Leurs bras musculeux et poilus,
Nous voyons stopper la machine,
Le cœur du travail ne bat plus!

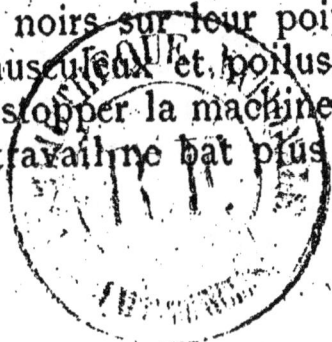

Les familles sont dans les larmes,
Duel social bien avisé;
Ce tocsin de feu crie : Aux armes!
Tout le bassin est soulevé.
Sous les attaques féodales,
Le serf aura-t-il le dessous?
Compagnons, nous fondons des balles,
Quand nous leur portons nos gros sous!

Des balles pour la haute pègre,
Qui, n'ayant nul droit au sous-sol
Ose traiter en race nègre
Ceux-là qu'a dépouillés son vol;
Plomb pour la race massacrante
Qui, sans vergogne du total,
Tous les ans touche comme rente,
Quinze ou vingt fois son capital.

Oh! ces mangeurs de chair humaine,
Leur avarice est un défi.
Mais la Terre est donc leur domaine?
Ils n'ont qu'un Dieu, le dieu Profit!
L'homme fond dans leur main rapace :
Tous les épuisés, les vieillards,
Chassés, réduits à la besace,
Leur ont sué des milliards!

Grands seigneurs de la banqueroute,
Porteurs d'actions, hobereaux,
Voleurs! vous vous croyez sans doute
Le droit de devenir bourreaux?
Malheur! voir au siècle où nous sommes,
Le capitaliste aigrefin

Dresser ainsi, pour dix mille hommes,
La guillotine de la faim!

Tant d'horreurs ne seront pas vaines;
La souffrance enfante toujours!
Nous sentons courir dans nos veines
Le frisson brûlant des grands jours;
Aux faubourgs, la pâle famine
Soulève un vivant ouragan;
Et du ventre noir de la mine
Il sort des laves de volcan!

Au secours! vaincre est nécessaire.
Les mineurs sonnent le tocsin,
Saignons à blanc notre misère,
On fait grève au bassin d'Anzin!

Mars 1884.

7.

LES AFFAMEURS

À Victor RICHARD, de Londres.

Les patrons se mettent en grève,
L'affameur crie à l'affamé :
« Il faut qu'on me cède ou qu'on crève. »
L'atelier du maître est fermé.

Ils réduisaient deux sous de l'heure,
Deux sous de moins ! on ne peut pas !
S'il faut qu'en travaillant l'on meure,
Autant se couper les deux bras.
Voyant l'ouvrier sans ressource,
Le capital se sentait fort :
Qui tient les cordons de la bourse
A le droit de vie et de mort.

Eh ! qu'ils les ferment, leurs fabriques
Où nous râlons tous entassés
Dans l'ouragan des mécaniques,
Leurs bagnes des travaux forcés.
Enfants décharnés, têtes grises,
Pour nous le supplice est sans fin,
Car ce n'est pas la cour d'assises
Qui nous condamne..., c'est la faim !

Toi qui voulais, sur ma semaine,
Au gosse acheter des souliers,
Tu vois, femme, comme on nous mène :
Nos czars ferment leurs ateliers,
Leur ukase nous prend en traître...
Et l'on ne s'est pas soulevé !...

Dire que huit gredins vont mettre
Vingt mille hommes sur le pavé!

Plus d'un enfant sera victime,
Avec ça que voici l'hiver.
Est-ce que je ferais un crime
Si je m'armais d'un revolver?
Leur justice viendrait me prendre
Pour me couper le cou!... Des lois,
Il n'en est pas pour nous défendre
Contre les assassins bourgeois.

Leurs pères ont frayé la route.
Quand on parle d'exproprier,
Leur noblesse d'emprunt redoute
Un quatre-vingt-neuf ouvrier.
Pour faire bouillir leur marmite,
Ils ont pillé les aristos.
On craint pétrole et dynamite,
Quand on a brûlé les châteaux.

Mais, nous, va-nu-pieds, nous qu'on chasse,
Nous pourrions, dans un branle-bas,
Ecrabouiller, sous notre masse,
Casse-têtes et fusils Gras.
Ils auraient beau crier: « Main-forte!... »
Et se traîner à deux genoux,
Nous pourrions enfoncer la porte
Et dire: « Nous sommes chez nous! »

Les patrons se mettent en grève,
L'affameur crie à l'affamé:
« Il faut qu'on me cède ou qu'on crève. »
L'atelier du maître est fermé.

Roubaix, 1882.

LA VEUVE DU CARRIER

—

Au citoyen René VAILLANT.

Claude est mort, j'aurais dû le suivre.
Mais l'enfant? je le sens pourtant,
Je le sens en moi qui veut vivre,
Il ne sait pas ce qui l'attend.

Huit engloutis dans la carrière.
Il en meurt, dans ce métier-là !
Je crois le voir sur la civière,
Sanglant, tout pâle, il me parla.
Il me dit de sa voix éteinte,
Quand je l'écoutais respirer,
Quel malheur ! te laisser enceinte,
N'ayant que tes yeux pour pleurer !

C'est bien bon d'aimer, d'être mère !
On se prive aussi là-dessus,
Ne voulant pas, dans sa misère,
Faire un misérable de plus.
Un lundi nous vint la folie
De courir les champs... Des beaux bois
L'air grise... On rentre... et l'on s'oublie.
Les pauvres ne sont pas de bois !

Si par malheur c'est une fille,
Le sort des femmes donne froid.
J'ai deux sœurs... L'une avec l'aiguille
Ne gagne pas l'eau qu'elle boit;
L'autre?... C'est la plus malheureuse!
Quel métier! Guetter les passants,
L'œil éteint, la figure creuse,
Elle était si fraîche à seize ans!

C'est un garçon que je désire,
Un de ces vaillants qu'on croit fous,
Osant le bien, sachant tout dire,
Et rêvant au bonheur de tous.
Mais on les déporte, on les tue,
Ces chercheurs du juste et du vrai.
On les massacre dans la rue,
Comme mon pauvre père, en Mai.

Je veux, dans ma jupe de veuve,
Lui tailler brassières, béguins.
L'élever!... Quelle rude épreuve,
Tous les jours on baisse nos gains.
Par des fois j'en deviens farouche,
Je pense tout noir! Vous savez?
Je dis: si je mourais en couche,
Il irait aux Enfants-Trouvés!

Claude est mort, j'aurais dû le suivre!
Mais l'enfant?... je le sens poutant,
Je le sens en moi, qui veut vivre,
Il ne sait pas ce qui l'attend.

Montrouge, 1882.

LE MONUMENT DES FÉDÉRÉS

—

A Alphonse HUMBERT, conseiller municipal.

Ici fut l'abattoir, le charnier ! — Les victimes
Roulaient de ce mur d'angle à la grand'fosse en bas,
Les bouchers tassaient là tous nos morts anonymes
Sans prévoir l'avenir que l'on n'enterre pas.
Pendant quinze ans, Paris, fidèle camarade,
Déposa sa couronne au champ des massacrés.
    Qu'on élève une barricade
    Pour monument aux Fédérés !

Oui, pour tout monument, peuple, un amas de pierres !
Laissons l'Académique aux tueurs de bon goût,
Et sur ces pavés bruts qu'encadreront les lierres,
Simple, allant à la mort, Delescluze debout,
Des cadavres autour dans leur vareuse brune,
Des femmes, des enfants, mitraillés, éventrés ;
    Qu'il ressuscite la Commune,
    Le monument des Fédérés !

Qu'il témoigne comment règne la Bourgeoisie,
Qui pille le travail et fait des indigents,
Embrouille tous les fils dont sa main s'est saisie
Et se tire d'affaire en massacrant les gens.

Et quand notre misère, accusant leur victoire,
Accule au pied du mur les bourgeois empiffrés,
   Qu'il soit notre réquisitoire,
    Le monument des Fédérés !

Que sur chaque pavé, peuple, ton ciseau grave
Une date de meurtre ou le nom d'un martyr !
De l'histoire qu'il soit la page la plus grave,
Dénonçant l'esclavage et criant d'en sortir.
Et, comme le tocsin, soulevant l'avalanche
Des gueux, des meurt-de-faim, fiévreux, exaspérés,
   Qu'il soit l'appel à la revanche,
    Le monument des Fédérés !

    Paris, mai 1883.

LA FILLE DE THERMIDOR

—

A Antide BOYER, député des Bouches-du-Rhône.

Une fille, avorton bourgeois,
Ayant bagues à tous les doigts,
Robe à traîne, élégante mise,
Mais dessous fort peu de chemise,
En se dressant sur ses ergots
Tient ce boniment aux gogos:
« Je suis, messieurs, la déesse à la pique! »
— Non, cette catin n'est pas la République!
Non, non, tu n'es pas la République!

  « Modéré jusqu'à la fureur,
  » Thermidor tomba la Terreur.
  » Alors je naquis et la France
  » Devint maison de tolérance
  » Et brilla des noms les plus fiers,
  » Depuis Talleyrand jusqu'à Thiers. »
— Des souteneurs nous connaissons la clique;
Non, cette catin n'est pas la République!
Non, non, tu n'es pas la République!

  « J'ai subi, bien qu'il m'en coûtât,
  » Le viol de tous les coups d'Etat;
  » Je criais, tout bas, pour la frime;
  » Après, j'ai meublé le régime,

» Brocanté les législateurs
» Et les sénats conservateurs. »
— Tous les Césars ont doré sa boutique...
Non, cette catin n'est pas la République!
Non, non, tu n'es pas la République!

« Etant de mon siècle, esprit fort,
» Voltaire me plut tout d'abord;
» La grâce agit, fille soumise,
» Je fis ma paix avec l'Eglise,
» J'ai mis Lolotte au Sacré-Cœur,
» Je communie et chante au chœur. »
— La Carmagnole est un autre cantique!...
Non, cette catin n'est pas la République!
Non, non, tu n'es pas la République!

« Pour déjouer les partageux,
» J'ai mis la main sur les enjeux,
» Maquillant la hausse et la baisse.
» J'ai formé, pour tenir la caisse,
» De gros financiers libéraux,
» Cousins des fermiers généraux. »
— Trois et trois, neuf! C'est leur arithmétique!
Non, cette catin n'est pas la République!
Non, non, tu n'es pas la République!

« Mon code est le Chacun pour soi!
» L'Egalité... devant la loi,
» En rêver une autre est folie;
» La noblesse est presque abolie,
» Mais sans les riches, ici-bas,
» Les pauvres ne mangeraient pas. »
— En doutez-vous? Galliffet vous l'explique!
Non, cette catin n'est pas la République!
Non, non, tu n'es pas la République!

« Aux Etats-Unis, beaux rêveurs,
» En grand, j'exporte mes faveurs,
» Raccrochant les deux hémisphères,
» Je couche avec les gens d'affaires;
» Le capitaliste a vraiment,
» Avec moi, beaucoup d'agrément. »
— C'est son virus qui pourrit l'Amérique!
Non, cette catin n'est pas la République!
Non, non, tu n'es pas la République!

Ah! chassons-la! Dans l'or des blés,
Mère, apparais les seins gonflés.
A nos phalanges collectives,
Rends sol et forces productives.
Que le ciel de l'ordre nouveau
S'allume dans chaque cerveau.
— Oui, viens, Commune à la rouge tunique,
Car cette catin n'est pas la République!
Non, toi seule est la République!

Paris, 1883.

L'INSURGÉ

—

Au citoyen PROTOT.

Devant toi, misère sauvage,
Devant toi, pesant esclavage,
　　L'insurgé
Se dresse, le fusil chargé !

L'insurgé !... son vrai nom, c'est l'Homme,
Qui n'est plus la bête de somme,
Qui n'obéit qu'à la raison,
Et qui marche avec confiance,
Car le soleil de la science
Se lève rouge à l'horizon.

On peut le voir aux barricades
Descendre avec les camarades,
Riant, blaguant, risquant sa peau.
Et sa prunelle décidée
S'allume aux splendeurs de l'idée,
Aux reflets pourprés du drapeau.

En combattant pour la Commune
Il savait que la terre est Une,
Qu'on ne doit pas la diviser,
Que la nature est une source
Et le capital une bourse
Où tous ont le droit de puiser.

Il revendique la machine
Et ne veut plus courber l'échine
Sous la vapeur en action,
Puisque l'Exploiteur à main rude
Fait instrument de servitude
De l'outil de rédemption.

Contre la classe patronale
Il fait la guerre sociale
Dont on ne verra pas la fin
Tant qu'un seul pourra, sur la sphère,
Devenir riche sans rien faire,
Tant qu'un travailleur aura faim!

A la Bourgeoisie écœurante
Il ne veut plus payer la rente:
Combien de milliards tous les ans?...
C'est sur vous, c'est sur votre viande
Qu'on dépèce un tel dividende,
Ouvriers, mineurs, paysans.

Il comprend notre mère aimante
La planète qui se lamente
Sous le joug individuel;
Il veut organiser le monde,
Pour que de sa mamelle ronde
Coule un bien-être universel.

Devant toi, misère sauvage,
Devant toi, pesant esclavage,
　　　L'insurgé
Se dresse, le fusil chargé!

Paris, retour d'exil, 1804.

LE RÊVE DU FORGERON

Au citoyen Jules GUESDE (*Voie du Peuple*).

Le forgeron s'accoudait sur l'enclume,
Brisé des reins et tombant de sommeil;
En songe alors, sa forge se rallume,
Un homme en sort et dit: Pense au réveil!

Cet homme est large et velu comme Hercule,
Un lion roux lui fournit un manteau,
En ruisseaux bleus son sang de fer circule,
Ses deux bras nus lèvent un lourd marteau.

« Je suis Travail, dit-il, mes reins humides
» Gardent encor les sueurs du passé;
» J'ai, bloc à bloc, monté les Pyramides,
» Les conquérants sur mon corps ont passé.

» Je fus jadis le paria, l'ilote,
» Le vil esclave aux murènes jeté,
» Le serf meurtri qu'à la glèbe on garrotte,
» Quatre-vingt-neuf me cria: Liberté!...

» Moi, libre? oh! non, j'appartiens au salaire,
» Maître sans nom qui paie au jour le jour;
» Je suis encor le bétail populaire,
» L'œil sans lumière et le cœur sans amour.

» Pour gagne-pain, j'eus mes bras, mon échine.
» Les supprimant par un progrès trompeur
» Sur moi, l'usure a lancé la machine,
» L'écrasement marche à toute vapeur.

» N'est-il pas temps d'enrayer ce système
» Dégradant l'homme et la femme et l'enfant ?
» Mon rédempteur, l'unique, c'est moi-même,
» J'aurai raison du monstre en l'étouffant.

» Des parlements, j'ai trop payé les hontes,
» Je ne veux plus Judas pour agréé.
» Au capital, je dis: Réglons nos comptes !
» Tu m'appartiens, puisque je t'ai créé.

» Entre tes mains, ma vie est au pillage,
» La concurrence est un jeu meurtrier.
» Donc, je reprends mon immense outillage,
» L'outil doit être aux mains de l'ouvrier.

» N'ayant qu'un but, la force doit être une,
» Elle est en moi, la force, et pas ailleurs.
» Paris, martyr, proclamant la Commune,
» A, dans leur sang, sacré les travailleurs.

» Vaincus de Mai, que vos morts soient fé-
[condes !
» Au grand rappel, quand vous vous lèverez,
» Morts radieux, portez dans les deux mondes
» Le drapeau rouge aux peuples fédérés.

» Toi, compagnon, prends ces outils qu'on
[nomme
» Raison, Progrès, Science, Egalité,
» Sois plus qu'un roi, sois ton maître, sois
[homme;
» O Travailleur, deviens l'Humanité ! »

Paris, retour d'exil, 1834.

AH! T'ES RIEN... BON!

—

Au citoyen E. Museux (*Coup de Feu*).

De quoi! dit Filoche à Guguste,
Ton père est un vieux ramolli,
De quoi! nous déformer le buste
Des douze heures à l'établi?
Vois donc les choses par toi-même,
Suer, ça donne des fraîcheurs.
Les rupins vivent dans la flême,
Et le pouic est pour les bûcheurs.

Ohé! Guguste, ah! t'es rien... bon!
De t'atteler à leur carrosse;
Traité par eux comme une rosse,
T'iras crever à Montfauçon.
Ohé! Guguste, ah! t'es rien... bon!

Il n'a pas Rothschild dans sa poche,
Ton auteur, le papa Dubreuil,
Pourtant, c'est vissé dans la pioche,
Ça boit, quand il lui tombe un œil.
N'empêche qu'étant à la veille
D'être perclus; son capital,
— S'ils ont un lit de trop, ma vieille —
C'est de claquer à l'hôpital.

Et le gros pacha de l'usine,
Millionnaire, celui-là,
Cocher poudré, chef de cuisine,
A-t-il travaillé pour cela?
Sait-il ce que c'est qu'une enclume?
Tâche! il hérita tout gamin,
Et l'on ferait un lit de plume
Des poils qu'il vous a dans la main.

Dans la besogne, tu te vautres,
T'as le chicotin, moi le suc;
Pour faire travailler les autres
Va falloir que je pince un truc.
Je m'abouche à la haute pègre,
A la Bourse, dans leurs bazars;
Va, feignant, masser comme un nègre,
Je suis du parti des lézards.

Ohé! Gugusse, ah! t'es rien... bon
De t'atteler à leur carrosse;
Traité par eux comme une rosse,
T'iras crever à Montfaucon.
Ohé! Gugusse, ah! t'es rien... bon!

Paris, 1883.

———~~~~~———

CHAUFFE-TOI, C'EST DE TON BOIS

—

Au citoyen Gabriel DEVILLE (*Voix du Peuple*).

Rudement la crise sévit,
Sans pain, sans feu, le peuple vit:
Si l'on appelle cela vivre!
Ce siège a duré tout l'été,
Paris ne s'est pas révolté,
Mais il frémit, l'hiver va suivre.
Le dépouillé pourrait fort bien
Remettre la main sur son bien.
Fais ta saisie avant les froids,
    Prends, Jean Misère,
    Ton nécessaire.
Fais ta saisie avant les froids,
Chauffe-toi, Jean, c'est de ton bois!

Quoi, le vautour, de ton taudis
T'expulse avec tous tes petits,
Fiévreux, grelottants et livides.
Toi qui bâtis les beaux quartiers
Où des appartements princiers
Trop chers de loyer restent vides,
Peux-tu donc sous l'arche des ponts
Coucher tes bébés vagabonds?
Choisis leur gîte avant les froids,

Prends, Jean Misère,
Ton nécessaire.
Choisis leur gîte avant les froids,
Chauffe-toi, Jean, c'est de ton bois !

Vois dans ces magasins flambants,
Souliers fourrés, chauds vêtements,
Empilés en gros sans limite ;
Ton sur-travail les a gorgés.
Consomme, ils seront soulagés,
Ces entrepôts de la faillite.
Tes gosses n'ont rien sur la peau
Et leurs chaussures prennent l'eau.
Habillons-les avant les froids,
Prends, Jean Misère,
Ton nécessaire.
Habillons-les avant les froids,
Chauffe-toi, Jean, c'est de ton bois !

Travailleur, classe de vaincus,
Tu livres ton sang, tes écus,
A la bourgeoisie écœurante.
Gains d'ouvriers, de paysans,
Plus de deux milliards tous les ans,
S'en vont aux Prussiens de la rente ;
Tu fournis l'argent de leurs prêts,
Puis tu payes les intérêts,
Fais-les jeûner pendant six mois !
Prends, Jean Misère,
Ton nécessaire.
Fais-les jeûner pendant six mois !
Chauffe-toi, Jean, c'est de ton bois !

Du lard des budgets empâtés,
Tes ministres, tes députés

Te bernent d'un semblant d'enquête.
L'intérêt de classe avant tout,
On voudrait te pousser à bout.
Dans l'ombre Galliffet s'apprête;
On tient l'esclave désarmé
Pour le massacrer comme en Mai.
Prends l'arme aux mains de ces bourgeois,
    Prends, Jean Misère,
    Ton nécessaire.
Prends l'arme aux mains de ces bourgeois,
Chauffe-toi, Jean, c'est de ton bois!

On voudrait te voir saccager
L'étalage du boulanger,
Mais ce n'est pas là ta mtéhode;
Vise plus haut le Sans-travail,
Sois l'Etat, prends le gouvernail,
Pour changer ces lois et le Code,
Que notre Révolution
Soit pour tous Restitution,
Et va jusqu'au bout cette fois,
    Prends, Jean Misère,
    Ton nécessaire.
Et va jusqu'au bout cette fois,
Chauffe-toi, Jean, c'est de ton bois!

Paris, 1885.

PAS DE FÊTE SANS L'AMNISTIE

—

Au citoyen J.-B. Mounier.

Notre Paris, pour ce beau jour,
A soif de fêtes fraternelles;
Il voit hisser, avec amour,
La Payse aux fortes mamelles,
Celle dont la voix tonne: O fous!
Quoi, ce sont les miens qu'on châtie!
En mon nom, levez les écrous:
Pas de fête sans l'Amnistie!

Suis-je en bronze ou suis-je de chair
Suis-je âme de peuple ou statue?
Ma victoire a coûté bien cher,
Et la Bastille est abattue!
J'en dois compte à tous les cœurs chauds.
Ils vont la croire rebâtie
Si j'en conserve les cachots:
Pas de fête sans l'Amnistie!

Quels corps ont comblé les fossés,
Troués, hachés par la mitraille?
On ne s'en souvient pas assez,
C'est toujours toi, sainte canaille!
De tes morts, de tes dévouements,
Une ère nouvelle est sortie
Au nom de ces blancs ossements:
Pas de fête sans l'Amnistie!

8.

Et qui frappez-vous, fusilleurs ?
Le mineur, des damnés le pire !
Et vous livrez ces travailleurs
Aux juges pourris de l'Empire.
Malgré les lois et la raison,
La rancune de sacristie
Tient ces pauvres serfs en prison :
Pas de fête sans l'Amnistie !

Prisonniers pauvres, je vous plains,
La misère ronge à son aise
Vos veuves et vos orphelins.
Et nous chantons la Marseillaise !
Au grand hymne roulant ses flots
Qui fait cette sombre partie?
Familles, ce sont vos sanglots !
Pas de fête sans l'Amnistie !

Lorsque Prud'homme et Ducatel
Ceignent le brassard tricolore,
J'aperçois Louise Michel,
Qu'au bagne, on ose mettre encore.
La martyre du grand devoir,
Qu'en pillarde on a travestie,
Me met en main son drapeau noir:
Pas de fête sans l'Amnistie !

En quatre-vingt-dix, quels élans !
Ce jour fut la fête sacrée,
Le Champ-de-Mars vit sur ses flancs
Toute la France fédérée;
On sentit les cœurs s'embraser
De fraternelle sympathie;
Ce fut un immense baiser:
Pas de fête sans l'Amnistie !

JULES VALLÈS

Paris vient de lui dire: Adieu!
Le Paris des grandes journées,
Avec la parole de feu
Qui sort des foules spontanées.
Et cent mille hommes réveillés
Accompagnent au cimetière
Le candidat de la misère,
Le député des fusillés.

D'idéal n'ayant pas changé,
La masse qui se retrouve une,
Fait la conduite à l'Insurgé,
Aux cris de : vive la Commune!
Les drapeaux rouges déployés
Font un triomphe populaire
Au candidat de la misère,
Au député des fusillés.

Car vous aimez les tâcherons
De l'idée et ceux qui la sèment,
Vous les blouses, les bourgerons,
Vous aimez les vrais qui vous aiment.
Dans votre geôle, verrouillés,
Vous receviez espoir, lumière,
Du candidat de la misère,
Du député des fusillés.

Votre député le voici,
Fronts ouverts par les mitrailleuses,
Fédérés hachés sans merci,
Ambulancières pétroleuses.
Voici, vaincus, foulés aux pieds,
Voici, Varlin, Duval, Millière,
Le candidat de la misère,
Le député des fusillés.

Et vous les petits cœurs brisés,
A Vingtras formez un cortège,
Venez, vous, les martyrisés
De la famille et du collège!
Jusqu'au sang il les a fouaillés
Vos tyrans: le cuistre et le père,
Ce candidat de la misère,
Ce député des fusillés.

Creusant à vif, palpant à nu,
Ce robuste en littérature
S'est assis sur le convenu
Et pour calque a pris la nature.
Sanglots navrants, rires mouillés,
Il vécut tout: joie et colère,
Ce candidat de la misère,
Ce député des fusillés.

Malgré Bismarck et ses valets,
L'Internationale existe
Et l'Allemagne offre à Vallès
Sa couronne socialiste.
A vous, bourgeois entripaillés,
A vous seuls il faisait la guerre,
Le candidat de la misère,
Le député des fusillés.

Il vient le jour de l'action,
Où la féroce Bourgeoisie
Entendra, Révolution,
Crépiter ton vaste incendie;
Allumé par vous, dépouillés,
Qu'il soit le bûcher funéraire
Du candidat de la misère,
Du député des fusillés.

Paris, février 1885.

LE GRAND KRACK

—

Au citoyen G. ROUANET.

Le grand Krack est bien proche,
Mais la vaste sacoche
De tous les suceurs d'or,
Par le jeu d'une pompe,
Jusqu'à ce qu'elle en rompe,
S'emplit, s'emplit encor.

La masse qui turbine
Sèche dans la débine
Comme un linge tordu.
La pompe trouve à boire,
Dans sa misère noire,
Des gouttes d'or fondu.

Bientôt, montagne énorme,
Le Capital se forme
Du travail non payé.
La sacoche se gonfle
Et le piston qui ronfle
N'est jamais enrayé.

Tout coule en or liquide,
Le cerveau qui se vide,
La moelle de nos os,
Les gaz, les mers, les nues,
Les forces inconnues,
L'épargne des gogos !

Ce vol se perpétue,
Epuise et prostitue
Ce vieux globe gâté.
Humanité souffrante,
Cette pompe aspirante,
C'est la Propriété.

Mais tout a sa mesure.
Dans le sac de l'Usure
Se déclare un grand trou.
Où trouver un refuge ?
Crevant comme un déluge,
Il pleut un argent fou.

A bas tous les commerces,
Il tombe des averses
De coupons lacérés.
Et l'on voit — pertes sèches —
Voltiger en flammèches
Tous les papiers timbrés.

Bravo ! la Banqueroute,
Sur la Bourse en déroute,
Roule ses flots amers.
On voit grossir les ondes,
Les forbans des deux mondes
Sombrent au fond des mers.

Au feu les budgets ivres !
Les Banques, les grands livres
S'embrasent à la fois.
Le ciel en devient rose,
Et cette apothéose
Ebahit les bourgeois.

Que peuvent-ils répondre ?
Le sol craque et s'effondre
Sous leurs pas effarés ;
Et sur terre commence
La farandole immense
Des forçats libérés !

L'AGE D'OR

—

A Adolphe Douai, de Newark.

O Terre, voici l'âge d'or!
Sous la bannière cramoisie
Déroule ton beau Messidor!
Salut l'Amour! Salut la Poésie!

Voici venir l'âge vermeil,
Mets, Peau d'Ane transfigurée,
Ta robe couleur du soleil:
La Justice a fait son entrée.
Par l'esclavage abrutissant
Et par la misère écrasée,
Tu couchais dans un lit de sang.
Eveille-toi dans la rosée!

Tu fus l'enfer, le gouffre noir
Des intérêts et des batailles,
Le cri navrant du désespoir
Sortait du fond de tes entrailles.
Maintenant, les poumons gonflés,
Orgue puissant lorsque tu vibres,
Tu remplis les cieux constellés
Du chant des égaux et des libres.

Que de sève en tes flancs sacrés !
Un suc de renouveau s'y mêle.
Pour tes enfants longtemps sevrés.
Reprends le rôle de mamelle.
Ecrasant l'usure et le vol
Qui grouillaient dans tes fanges noires,
La science a fait de ton sol
L'Atelier de toutes les gloires.

O nations, plus de torpeur,
Mille réseaux vous ont nouées.
L'électricité, la vapeur
Sont vos servantes dévouées.
L'homme a conquis les hauts sommets,
Les sables ardents, les banquises.
La mer et le ciel, désormais,
Sont des forces qu'il a conquises.

Races, venez de toutes parts,
Creusez l'être par la science.
Individus, cerveaux épars,
Vous n'êtes qu'une conscience.
Tous les fléaux vont s'apaiser,
La nature n'est plus farouche
Et la vie est un long baiser
Que l'homme lui prend sur la bouche.

O Terre, voici l'âge d'or !
Sous la bannière cramoisie
Déroule ton beau Messidor !
Salut l'Amour ! Salut la Poésie !

A bord du transatlantique l'Amérique,
retour d'exil, septembre 1880.

QUAND VIENDRA-T-ELLE?

Au citoyen Mijoul.

J'attends une belle,
Une belle enfant,
J'appelle, j'appelle,
J'en parle au passant.
Ah! je l'attends, je l'attends!
L'attendrai-je encor longtemps?

J'appelle, j'appelle,
J'en parle au passant.
Que suis-je sans elle?
Un agonisant.
Ah! je l'attends, je l'attends!
L'attendrai-je encor longtemps?

Que suis-je sans elle?
Un agonisant.
Je vais sans semelle,
Sans rien sous la dent...
Ah! je l'attends, je l'attends!
L'attendrai-je encor longtemps?

Je vais sans semelle,
Sans rien sous la dent,

Transi quand il gèle,
Sans gîte souvent.
Ah! je l'attends; je l'attends!
L'attendrai-je encor longtemps?

Transi quand il gèle,
Sans gîte souvent,
J'ai dans la cervelle
Des mots et du vent...
Ah! je l'attends, je l'attends!
L'attendrai-je encor longtemps?

J'ai dans la cervelle
Des mots et du vent.
Bétail, on m'attelle
Esclave, on me vend.
Ah! je l'attends, je l'attends!
L'attendrai-je encor longtemps?

Bétail, on m'attelle,
Esclave, on me vend.
La guerre est cruelle,
L'usurier pressant.
Ah! je l'attends, je l'attends!
L'attendrai-je encor longtemps?

La guerre est cruelle,
L'usurier pressant.
L'un suce ma moelle,
L'autre boit mon sang.
Ah! je l'attends, je l'attends!
L'attendrai-je encor longtemps?

L'un suce ma moelle,
L'autre boit mon sang.
Ma misère est telle
Que j'en suis méchant.
Ah! je l'attends, je l'attends!
L'attendrai-je encor longtemps?

Ma misère est telle
Que j'en suis méchant.
Ah! viens donc, la belle,
Guérir ton amant!
Ah! je l'attends, je l'attends!
L'attendrai-je encor longtemps?

Paris, 1870.

REGAIN DE JEUNESSE

—

A la citoyenne Caroline P.

Cheveux gris, voulez-vous vous taire !
Oh ! mes quarante ans, taisez-vous !
Ce soleil d'or, baignant la terre,
Fait de la jeunesse pour tous.
Est-ce l'oiseau qui met des ailes
A mes reins hier si pesants.
Salut ! mes sœurs les hirondelles,
Aujourd'hui, je n'ai que quinze ans !

Des soucis, faisons table rase
Cherchons les horizons subits.
Quoi ! je puis au vin de l'extase
Tremper mon morceau de pain bis ?
Quoi ! je puis, à ma fantaisie,
Dénicher les refrains naissants
Et gaminer la poésie...
Aujourd'hui, je n'ai que quinze ans !

C'est donc vrai, que la cendre couve
Si longtemps le feu du matin ?
Oh ! quel bonheur ! je me retrouve,
Moi, qui disais : je suis éteint !

Eclate flamme et te déploie
Siècles, voyez ! voyez, passants !
J'ai rallumé mon feu de joie,
Aujourd'hui, je n'ai que quinze ans !

Dans ce ravin se creuse un porche,
Là, ma muse balbutia.
En y descendant, je m'écorche
Aux ongles de l'acacia.
Mon corps roule et mon esprit flotte
Dans les éthers éblouissants...
Bon ! j'ai déchiré ma culotte.
Aujourd'hui, je n'ai que quinze ans !

Philosophe à l'âme indiscrète,
Soleil, vais-je t'interroger
Comme on fait d'une pâquerette,
Pétale à pétale, et songer ?
Non ! mais comme un collier j'égrène
Tous mes souvenirs séduisants :
Chérubin rêve à sa marraine.
Aujourd'hui, je n'ai que quinze ans !

Ah ! dans les herbes les plus frêles,
Je sens la vie et le baiser ;
Je vois les fleurs s'aime entr'elles ;
Je vois les rayons s'épouser.
Velours des prés, soyez ma couche ;
Et, pour m'ouvrir l'âme et les sens,
Nature, un baiser sur ta bouche !
Aujourd'hui, je n'ai que quinze ans !

Fosse Bazin, 1856.

CARTOUCHE BANQUIER

—

Au citoyen Auguste CHIRAC, auteur des *Rois de la République*.

Un petit-fils du grand Cartouche,
Un brave à profil de vautour,
Au coin d'un bois, seul et farouche,
Las de guetter, se dit un jour :

Les bois n'offrant plus de ressource,
Ami Cartouche, code en main,
Prends ton embuscade à la Bourse,
Fais-toi banquier de grand chemin !

Ce vol terre à terre m'efflanque,
Jetons de plus larges filets :
Lorsque l'on peut faire la banque,
A quoi servent les pistolets ?

Des froids vampires de finance
N'ayant pas la perversité,
J'étais voleur par répugnance,
Assassin par humanité.

Mais le flouage qui gouverne
Jusqu'au sublime s'est posé ;
L'Usure au fond de sa caverne
Tient le siècle dévalisé.

La Bourse est le meilleur repaire,
On s'y ménage adroitement
Un télégraphe pour compère,
Pour complice, un gouvernement.

Gobseck grandit, Mandrin s'encroûte ;
Le grand réseau s'organisant,
On volait sur la grande route :
On vole la route à présent !

J'aurai ma bande d'émissaires
Dans ma caisse en parts de lions.
Le jus de toutes les misères
Va se figer en millions.

Sans crier : la bourse ou la vie !
En serrant la vis au travail,
J'aurai de la foule asservie
Bourse en gros et vie en détail.

A mes bals tout Paris se porte.
Un juge y tient de gais propos ;
Le préfet pour garder ma porte,
Met des gardes municipaux.

Mon aïeul crève à la potence ;
Mais dans ce siècle, par bonheur,
Des hommes de notre importance
S'attachent à la croix d'honneur !

Les bois n'offrant plus de ressource,
Ami Cartouche, code en main,
Prends ton embuscade à la Bourse,
Fais-toi banquier de grand chemin!

Paris, 1849.

9.

LA SACOCHE

Bourré de pièces de cent sous
  Ce sac de toile grise
Met l'homme sens dessus dessous,
  Le domine et le grise.
En rut il tient tous les gogos,
  L'Eglise et la Bazoche...
    Tas de nigauds,
    Pour vivre égaux,
  Crevez-moi la sacoche !

Fille de la Propriété,
  Cousine de la peste,
Sacoche est pour l'Egalité
  L'écueil le plus funeste.
Les gueux posent en hidalgos
  Dès qu'elle emplit leur poche.....
    Tas de nigauds,
    Pour vivre égaux,
  Crevez-moi la sacoche !

Ayez-la n'importe comment
  Et tous biens seront vôtres.
Celui dont elle est l'instrument
  Vit aux dépens des autres.
Ce vol a des moyens légaux
  A l'abri du reproche...
    Tas de nigauds,

Pour vivre égaux,
Crevez-moi la sacoche !

Elle fait de l'humanité
Des maîtres, des esclaves ;
Engendre la mendicité,
Fait nos visages hâves.
La faim lorgnant l'os des gigots
Se tord devant la broche...
Tas de nigauds,
Pour vivre égaux,
Crevez-moi la sacoche !

Qu'elle s'éventre en répandant
Ses tripes métalliques,
Puis circule en flot fécondant
Dans les veines publiques.
Aux détenteurs de gros magots
J'en prédis l'anicroche...
Tas de nigauds,
Pour vivre égaux,
Crevez-moi la sacoche !

Brûlez l'acte, annulez le bail,
Nivelez la fortune ;
Echangez vos bons de travail ;
Proclamez la Commune !
Puis, d'un vin pris sous les fagots,
Chauffez-vous la caboche !...
Tas de nigauds,
Pour vivre égaux,
Crevez-moi la sacoche !

Paris, retour d'exil, 1880.

UNE RUE DE PARIS EN MAI 1871. (Dessin de Maximilien Luce.)

LE MUR VOILÉ

—

A Séverine, qui a eu la première idée de cette pièce.

Ton histoire, Bourgeoisie,
Est écrite sur ce mur.
Ce n'est pas un texte obscur.
Ta féroce hypocrisie
Est écrite sur ce mur !

Le voici, ce mur de Charonne,
Ce charnier des vaincus de Mai ;
Tous les ans, Paris désarmé
Y vient déposer sa couronne.
Là, les travailleurs dépouillés
Peuvent énumérer tes crimes,
Devant le trou des anonymes,
Devant le champ des fusillés !

Par Thiers et sa hideuse clique
Ce vieux mur fut tigré de sang.
Le massacre, en l'éclaboussant,
En fit une page historique.
Tu ranges devant ce coin noir
Où rejaillirent les cervelles,
Un rideau de tombes nouvelles ;
Crois-tu masquer ton abattoir ?

Drapés dans leur linceul de marbre,
Tes sépulcres, fleuris d'orgueil,
Insultent nos haillons de deuil,
Sur ce sol sans herbe et sans arbre!
Formant un contraste moqueur
Blanches, de perles scintillées,
Tes tombes sont là, maquillées:
La mort y fait la bouche en cœur!

Eh quoi! n'es-tu pas assouvie,
Toi qui lampas leur sang vermeil!
Aux morts tu voles le soleil
Tout comme s'ils étaient en vie!
Toi qui bâtis sur nos douleurs
Tes palais et ta grandeur fausse,
Vas-tu jalouser à leur fosse,
Un peu de lumière et de fleurs?

Parmi la classe travailleuse
Combien: femme, enfants, vieillards,
Livrés à tes patrons pillards,
Qui regrettent la mitrailleuse?
Lequel vaut mieux: courber le dos
Dans l'esclavage où l'on s'agite
Sans dignité, sans pain, sans gîte,
Ou reposer ici ses os?...

Mais l'indignation s'élève,
Le peuple n'est plus aveuglé,
Il sait qu'au pied du mur voilé
Tu voudrais enterrer la grève.
Un frisson nous court sous la peau,
La foule qui sent sa détresse

Bientôt, Commune vengeresse,
Prendra ton linceul pour drapeau !

Ton histoire, Bourgeoisie,
Est écrite sur ce mur.
Ce n'est pas un texte obscur...
Ta féroce hypocrisie
Est écrite sur ce mur !

Paris, mai 1886.

ELLE N'EST PAS MORTE

—

Aux Survivants de la semaine sanglante.

On l'a tuée à coups d'chassepot,
 A coups de mitrailleuse,
Et roulée avec son drapeau
 Dans la terre argileuse.
Et la tourbe des bourreaux gras
 Se croyait la plus forte.
 Tout ça n'empêch'pas,
 Nicolas,
 Qu'la Commune n'est pas morte !

Comme faucheurs rasant un pré,
 Comme on abat des pommes,
Les Versaillais ont massacré
 Pour le moins cent mille hommes.
Et ces cent mille assassinats
 Voyez c'que ça rapporte.
 Tout ça n'empêch'pas,
 Nicolas,
 Qu'la Commune n'est pas morte !

On a bien fusillé Varlin,
 Flourens, Duval, Millière,

Ferré, Rigault, Tony Moilin,
   Gavé le cimetière.
On croyait lui couper les bras
   Et lui vider l'aorte.
     Tout ça n'empêch'pas,
       Nicolas,
    Qu'la Commune n'est pas morte!

Ils ont fait acte de bandits,
   Comptant sur le silence,
Ach'vé les blessés dans leurs lits,
   Dans leurs lits d'ambulance.
Et le sang, inondant les draps,
   Ruisselait sous la porte.
     Tout ça n'empêch'pas,
       Nicolas,
    Qu'la Communl n'est pas morte!

Les journalistes policiers,
   Marchands de calomnies,
Ont répandu sur nos charniers
   Leurs flots d'ignominies.
Les Maxim'Ducamp, les Dumas,
   Ont vomi leur eau-forte.
     Tout ça n'empêch'pas,
       Nicolas,
    Qu'la Commune n'est pas morte!

C'est la hache de Damoclès,
   Qui plane sur leurs têtes.
A l'enterr'ment de Vallès,
   Ils en étaient tout bêtes.
Faît est qu'on était un fier tas

A lui servir d'escorte !
C'qui vous prouve en tout cas,
Nicolas,
Qu'la Commune n'est pas morte !

Bref, tout ça prouve aux combattants
Qu'Marianne a la peau brune,
Du chien dans l'ventre et qu'il est temps
D'crier: vive la Commune !
Et ça prouve à tous les Judas
Qu'si ça marche de la sorte,
Ils sentiront dans peu,
Nom de Dieu !
Qu'la Commune n'est pas morte !

Paris, mai 1886.

LE PRESSOIR

Dans un ciel d'automne orageuse
La lie a barbouillé l'azur.
Sa hotte au dos, la vendangeuse
Porte à cuver le raisin mûr.
En bouillonnant la grappe tombe,
Puis la vis tourne avec effort:
On dirait la vaste hécatombe
De martyrs pâmés dans la mort.

Chantons le martyre en extase!
Chantons la vendange et l'espoir!
Chantons les grappes qu'on écrase,
Les grains saignant sous le pressoir.

Où sont mes grappes? Leur sang coule,
Disent les pampres du coteau,
On les torture, un pied les foule,
Le Pressoir les tient sous l'étau!
Tu les crois mortes, pauvre feuille,
Plus vivantes à chaque tour,
Le bon vigneron les recueille
En flot de jeunesse et d'amour.

Ce jus d'enivrante agonie
Bu par les peuples en chemin,
Ce vin capiteux du génie
Monte au cerveau du genre humain.

En nous cette foule immolée
Trouve un Panthéon grandissant:
Socrate, Jean Hus, Galilée,
Vivent passés dans notre sang.

Le martyr en son heure aiguë
Meurt dans les spasmes de l'amant;
Ces ivrognes de la Ciguë
S'en vont soûlés de dévouement;
Ces demi-dieux et les poètes
Pour l'échafaud n'ont que dédains,
Quand la gloire égrenne leurs têtes
Dans un banquet de Girondins.

Ah! qu'un chant d'espoir vous soutienne
Nations, marcs pressurés,
Vous que l'exil jette à Cayenne,
Chairs à pressoir, grains torturés
Si le présent n'a pas mémoire,
Dans la coupe de l'avenir,
Versez, versez votre âme à boire.
La grande soif va revenir.

Quand viendra le beau Vendémiaire,
On verra des pressoirs sacrés
Le vin, l'amour et la lumière,
Couler pour tous les altérés;
Du gibet quittant les insignes,
Jésus déclouant ses bras las,
Au Calvaire planté de vignes
Mettra sa croix pour échalas.

III

La Commune de Paris

POÈME

VIVE LA COMMUNE !

1871

LA COMMUNE DE PARIS

Anniversaire du 18 mars.

D'un hémisphère à l'autre, ô Globe, tu tressailles;
C'est notre dix-huit mars, c'est la date où Versailles,
— Le Passé, — se rua sur Paris — l'Avenir, —
D'un trop long héroïsme on voulait le punir.
L'impure Babylone énervée, enrichie,
Que, par vingt ans d'Empire, on croyait avachie;
Boudoir puant le musc, et, Caserne, le schnick;
Où trônaient et traînaient Mathilde et Metternich;
Foule que son cornac menait, pis que la bête,
A coup de plébiscite, à coups de casse-tête,
Tout d'un bond, — comme si, son glaive au ceinturon,
Le grand Quatre-vingt-treize eût sonné du clairon, —
Paris avait repris sa tâche titanique,
De la défaite en deuil tiré la République,
Vomi son Bas-Empire et comme un excrément
Déposé Bonaparte et son gouvernement.
La mesure était comble aux yeux de l'assemblée
De Bordeaux, qui voulut, à peine déballée,
Décapitaliser Paris, — l'Invasion
Aidant, — décapiter la Révolution!
Le vote avait tiré des couches réfractaires
Toute une alluvion d'êtres rudimentaires,
Bourgeois momifiés, morts déjà, — résidu
Et de mil huit cent quinze et de mil huit cent trente, —
Marguilliers pleins de foi, mais d'humeur massacrante.

— Ils l'ont prouvé depuis! — Ces ruraux à tous crins
Auraient lâché gaîment quatre Alsaces, six Rhins
Et trente milliards, — enfin des niaiseries, —
Pour remettre un bonhomme aux vieilles Tuileries.
Thiers, l'oracle avorton de ce concile nain,
Médite un coup de force, un vaste Transnonain;
« Terrorisons, dit-il, la vile multitude!
« La Bourgeoisie a foi dans ma décrépitude;
« Je sais comme à plat ventre elle accueille un Sauveur:
« Je vais être le sien. J'ai conquis la faveur
« Du vote universel, que j'amputai naguère.
« Jouons du spectre rouge et jouons le vulgaire.
« Oui, pêchons le pouvoir dans l'eau trouble et le sang! »
—Bref la troupe attaqua Montmartre au jour naissant.—

Devant ce guet-apens les âmes n'en font qu'une
Et la grande cité proclame la Commune.

Victoire! un cri de joie, un immense bravo
S'élève alors du peuple. Un horizon nouveau
S'illumine. Emergeant des brouillards de l'Empire,
De sa honte, on revoit le ciel vaste: on respire!
Des plans d'égalité dans les cerveaux germaient;
Les bras étaient armés, mais les cœurs désarmaient.
La Commune, ô Justice, affirmait ton principe:
Tous pour chacun, chacun pour tous; et, comme type
De l'ordre social futur, sur son portail
Biffait: Propriété, pour y graver: Travail.

Oui, Paris t'acclama! tu venais sur la terre
          Débrouiller le chaos.
Tu devins le cerveau, l'âme du prolétaire
          Et la chair de ses os.

Des penseurs sociaux s'il ignore la lettre,
          Le peuple en sent l'esprit.
Quand tu dis: Travailleur, tu n'es rien, tu dois être!
          Le Travailleur comprit.

Chacun mit à la pâte une main vigoureuse:
　　　　Bataillons fédérés,
Vieux faubourgs, vous prenez le flingot, la vareuse,
　　　　Vous marchez, vous mourez!

Vous fûtes des premiers, vieillards au front sévère,
　　　　Prêchant les combattants.
Sombres vaincus de Juin, vos trois mois de misère
　　　　Avaient duré vingt ans.

O Commune splendide, ô toi, qu'on injurie,
　　　　Tu vis sur tes remparts,
Insignes rayonnants, la Franc-Maçonnerie
　　　　Planter ses étendards.

Dans cet enfantement la femme eut le courage
　　　　De la maternité:
Elle aime, parle et meurt et répand dans l'orage
　　　　Son électricité.

Une idole, à la France, avait été fatale :
　　　　Napoléon premier,
Le Corse, le faux dieu de la force brutale
　　　　Roula sur le fumier.

Tu ne pus en deux mois renverser des Bastilles;
　　　　Tes décrets survivront.
L'homme aux outils, l'homme au pain noir, l'homme aux
　　　　Les exécuteront.　　　　　　　　　[guenilles

Tu ne pris pas la Banque — ah! ta faute fut grande! —
　　　　Tu devais transformer.
Sait-on pas, si l'on veut que l'ennemi se rende,
　　　　Qu'il faut le désarmer?

Tous ces honnêtes gens, vivant, eux et leurs proches,
Les crocs dans notre chair et les mains dans nos poches:
Usuriers, calotins, soudards, ruffians, — malheur! —
Pris la main dans le sac crièrent au voleur!...
Le drapeau rouge en main, dignes fils de nos pères,
Nous devions écraser tout ce nid de vipères
Le soir du Dix-huit Mars. — Nous ne l'avons pas fait!
Nous n'avons jamais su haïr! — Mais quel forfait
Que d'épargner le loup, la panthère ou la hyène!
O Nouméa, poteaux de Satory, Cayenne,
Pardonnez aux cléments!...

                              Puis l'éclair sillonna
Les cieux noirs, le rempart cracha, le fort tonna;
Paris fut replongé dans les horreurs du siège
Et, lion mutilé, repris au même piège.
La semaine de sang, comment puis-je en parler?
Quand j'y pense, je vois comme un fleuve couler
Rouge... oui, rouge et fumant!... C'est le sang de nos
                                        [veines,
C'est le sang généreux de ces masses humaines:
Femmes, vieillards, qu'ils ont éventrés, ces bourreaux!
Morts et blessés qu'ils ont piétinés, ces héros!
L'égorgement de Juin n'était qu'enfantillage;
Le massacre en progrès change son outillage;
On ne suffirait pas à tuer ce qu'on prend:
Avec la mitrailleuse on fait l'ouvrage en grand;
On transforme nos parcs en abattoirs, nos squares
En cimetières, puis, les bottes dans des mares
De sang, les officiers sont réunis en cours
Martiales, — on veut que justice ait son cours. —
Par fournées, entre absinthe et cognac, — un chef-d'œu-
                                        [vre! —

La graine d'épinards commande la manœuvre:
Arrêts à tir rapide, où, du képi coiffé,
Le magistrat fournit au moulin à café.
Oui, voilà tes hauts faits, Bourgeoisie, et ta gloire,
Voilà pour ton musée un fier tableau d'histoire.

Oh! que n'es-tu vivant, grand peintre du radeau
De la Méduse! Il faut un ciel rouge, un rideau
De feu: la ville à sac, pour vainqueurs: les vandales!
Trente-cinq mille morts exposés sur les dalles
D'une morgue! — Un convoi de prisonniers partant
Pieds nus pour les pontons; des beaux fils insultant
Les vaincus en haillons, saignants, et des donzelles
Dans leurs chairs enfonçant le bout de leurs ombrelles.
Dans une apothéose, au loin, le Panthéon
Du crime, et Jules Favre, et Thiers et Mac-Mahon,
Les escarpes d'État, la gouape cléricale,
S'embrassant au milieu des flammes de Bengale;
Enfin, au dernier plan, les radicaux honteux
Qui s'en lavent les mains! Commune, ce sont eux
Les coupables... ils t'ont lâchement abjurée.
Que sur un cadre noir l'avenir lise: Entrée
Des Versaillais.

      Pourquoi de l'huile sur le feu
Dit Prudhomme, l'ordre est rétabli, grâce à Dieu!
Grâce à Dieu! vous avez raison, Monsieur Prudhomme!
C'est toujours ce nom-là qu'on jette au nez de l'homme.
Son ordre est le désordre et nous l'avions brisé,
Prenons Dieu sur le fait et jugeons l'accusé.

  Grâce à Dieu, l'éternel complice
  De tous les exterminateurs,
  Grâce à Dieu, préfet de police
  Des caffards et des exploiteurs,
  Grâce à la sainte Providence
  L'ordre moral reprend son pli,
  Et tout marche à la décadence:
  Grâce à Dieu, l'ordre est rétabli!

  Grâce à Dieu, tout rentre dans l'ordre:
  La pensée a tari son flux;
  Les chiens enragés pourront mordre,
  Ceux qu'ils mordront ne crieront plus.

L'état de siège sur la bouche,
La France, l'esprit affaibli,
S'endort après sa fausse-couche:
Grâce à Dieu, l'ordre est rétabli !

Grâce à Dieu, Rouher et sa bande,
Les généraux de l'attentat
Et l'avorton de la légende
Nous mitonnent un coup d'État.
Pour reboulonner la victoire
On hisse l'oncle démoli
Sur le mirliton de la gloire,
Grâce à Dieu, l'ordre est rétabli !

Grâce à Dieu, la tribu des filles
Bosse au croupion, chignon épars,
S'étale aux yeux de nos familles
Dans les cafés des Boulevards,
Des Cora Pearl le truc prospère
Et soulage maint ramolli
Des millions de feu son père:
Grâce à Dieu, l'ordre est rétabli !

Grâce à Dieu, la pieuvre noire
Aux tentacules étouffants,
Pour l'ignorance obligatoire
Vient de ressaisir nos enfants.
La Jeunesse en sortira blette,
Le nourrisson maigre et sali
Tettera l'eau de la Salette;
Grâce à Dieu, l'ordre est rétabli !

Grâce à Dieu, la Banque a main haute,
Et les travailleurs sont capots:
La misère est leur table d'hôte,
La mort est leur lit de repos.

De nos sueurs plus altérée,
Sur la peau du peuple avili,
Grouille une vermine dorée:
Grâce à Dieu, l'ordre est rétabli!

C'est grâce à Dieu qu'on nous écrase,
N'est-il pas la vis du pressoir?
Il faut pour faire table rase
Briser l'idole et l'encensoir.
Nais, Justice, et grandis, Science;
En vous créant l'homme ennobli
Pourra dire à sa conscience:
Grâce à moi, l'ordre est rétabli!

Donc l'ordre est rétabli! mais, crois-tu, vieille Usure,
Ton sac bien recousu par ton assassinat?
Crois-tu, quand la Commune a troué ta masure,
Reboucher la crevasse avec un septennat?

Croyez-vous, gens de l'ordre et des saines doctrines,
Inquisiteurs logés dans la peau des bourgeois,
Avoir des communeux extirpé les racines,
Pour qu'il en soit de nous comme des Albigeois?

Vieux monde, ô moribond, pourri par les deux Romes,
Crevant d'hypocrisie et de servilité,
Crois-tu donc pour avoir tué cent mille hommes,
Dormir sur l'oreiller de la stabilité?

Parce que des héros en fumant leur cigare
Sont morts à Satory, — bien morts: fiers, dédaigneux!
Et que pour maquiller l'histoire qui s'égare
Tu souilles leur cadavre en tes journaux hargneux;

Parce que déportant dans la Calédonie
Tes vaincus par milliers, et toujours, et sans fin,
Tu laisses torturer leur sinistre agonie
Par l'argousin du bagne, et la soif, et la faim;

10.

Parce que tu nous tiens, nous, morts par contumace,
Dispersés dans l'exil, sans joie et sans travail,
Et qu'affolant le riche et pelotant la masse
Tu nous montres de loin comme un épouvantail;

Parce que Jules Favre a fusillé Millière,
Garcin, deux Billaurey — faux — et Tony Moilin;
Parce qu'ils ne sont plus ces esprits de lumière;
Duval, Flourens, Ferré, Delescluze et Varlin;

Parce qu'après la fièvre est l'heure d'apathie,
Tu dis: Tout est fini! dormons! reposons-nous!
Je n'ai qu'à les leurrer d'un semblant d'amnistie,
Et les tigres d'hier lècheront mes genoux.

Je conserve! dis-tu. Quoi? La crasse et la graisse,
La misère aux damnés, l'opulence aux élus;
Et, saoûle de forfaits, tu crois dormir, ogresse?
Vieille société, tu ne dormiras plus!

Le tocsin troublera tes nuits épouvantées,
Mijote le soldat, le mouchard, le bedeau,
Joins devant ton bon Dieu tes mains ensanglantées,
Dis ton confiteor, marmotte ton credo;

Tu ne dormiras plus! Ils rempliraient des pages
Tes crimes impunis, tes vices protégés!
Résumons tout d'un mot: banquet d'anthropophages,
Il n'est plus que deux camps: les mangeurs, les mangés!

Tu ne dormiras plus! Jamais on ne recule
L'heure du châtiment: il s'avance à grands pas!
Tu peux crier: au feu! Si ta baraque brûle,
Tu viderais la mer, tu ne l'éteindrais pas!

Ce n'est pas le pétrole. Oh! non, c'est la colère.
Des peuples qui s'allume: elle couve en tout lieu.

Qu'il flambe jusqu'au ciel le courroux populaire!
C'est le grand incendie: un genre humain prend feu!

Confesse ou meurs! Choisis? La flamme atteint ton
[bouge.
Pour le bonheur de tous, nous t'avons combattu.
Décrète: Egalité, Commune et Drapeau rouge;
A ce prix nous t'offrons l'amnistie.

                                   En veux-tu?

New-York, 18 mars 1876.

TABLE

I. — Sonnets.

II. — Chants et Chansons.

TABLE 161

Défauts constatés sur le document original

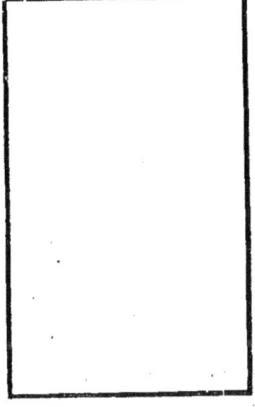

contraste insuffisant ou
différent, mauvaise qualité
impression

...der-contrast or different,
d printing quality

www.ingramcontent.com/pod-product-compliance
Lightning Source LLC
Chambersburg PA
CBHW072047080426
42733CB00010B/2020